中公新書 2501

瀧澤弘和著

現代経済学

ゲーム理論・行動経済学・制度論

中央公論新社刊

まえがき

本書を手にした読者は、「経済学」にどのようなイメージを抱いているだろうか。まずは、経済学を勉強すると、何がわかるようになるかを簡単に自問して欲しい。

もちろん、どんな学問でも「××学とは何か」という問いに対して、簡単に回答することは難しい。しかし、今日の経済学は以前にもまして、その内容をざっくり説明することが難しくなっていると思われる。実のところ、筆者自身も、経済学とは何かを初対面の人に説明しなければならない状況で、回答に窮することがしばしばだ。おそらく、かつてのように「経済現象を対象とし、それを解明する学問」という単純な回答を返すことに大きな戸惑いを感じるようになっているからではないかと考えている。

実際、この半世紀あまりの間に経済学は大きく発展してきた。たとえば現在の経済学では、従来の主要な研究対象だった市場メカニズムだけでなく、企業のような市場以外の経済制度の役割が分析の対象とされるようになっている。このことから、どのようなときに市場がうまく機能し、また反対に機能不全となるのかについての知見も得られてきた。

この変化には、ゲーム理論の果たした役割が大きい。また、かつて社会科学では意味がないと思われてきた実験的方法を取り入れた経済学の分野が立ち上がり、そこでも多くの知見が蓄積されてきた。こうした実験的手法の導入は、必ずしも合理的ではない現実の人間行動を分析対象とする行動経済学をも生み出し、発展させつつある。かつての経済学が、経済主体は合理的であると前提にするだけだったことを思うと、大変な変化であることは間違いない。

経済学のこれらの進展は、以下で述べることのほんの一部の例示にすぎない。また、ここでの記述の仕方が過度に単純化されていることも断わっておきたい。各分野が登場してきたもう少し詳しい経緯については後の章を読んでいただきたいが、ここで言いたいのは、おそらく多くの人が思っている以上に、経済学が速いスピードで変化を遂げてきた事実である。そして、こうした変化のそれぞれの背後には、その都度、天才たちによる新たな発想の導入があったのだ。

今日、経済学が何をしている学問なのかわかりにくくなっているとしたら、その理由の一端は、急速な変化がかえって、経済学の全体像に対する見通しを難しくしているからではないか。そうだとしたら、このギャップを埋めることは容易ではないにせよ、現在の経済学の多様な進化の様相をできるだけ一般の人にわかりやすい仕方で解説することに意味があるのではないか。これが、本書を執筆することになった第一の主要な動機である。

そして、これに関連した第二の副次的動機は、経済学の各分野の具体的な発展のあり方やそこで採用されている方法を見ることで、世間の経済学に対する期待が過大なのかもしれないという点を主張することにある。こちらの方は、基本的には、現代経済学のさまざまな分野の具体的な発展を解説する際に、その方法の限界を明らかにすることで論じようと考えている。しかし最終章においては、そもそも社会科学が自然科学とどう違うのかを論じることで、対象を客観的に捉え、その動きを予測することに限界があることも論じることにしたい。

このように風呂敷を広げたからといって、もちろん、筆者の能力の限界のために経済学全般に目配りするなどということは到底できない。特に、計量経済学や、金融などの応用分野には十分な配慮がされているとはとても言えない。筆者の関心は大雑把に言うと、ゲーム理論→制度の経済学→経済学および社会科学の哲学というように推移してきた。

まず大学院時代には、ゲーム理論が持つ、従来の経済学にはない表現力に圧倒されてそれに没頭し、その後、ちょうど研究が盛んになりつつあった限定合理性の概念を勉強するようになった。またこれと並行して、ゲーム理論の実験研究も行うようになり、経済学における実験研究の意義を考えるようになった。そして、政策系の研究所に勤めた際にはゲーム理論を応用した制度の経済学の研究を行ったが、制度的現象を考察するなかで、経済学そのものをより広く捉える必要を感じるに至った。経済学者が数理モデルを構築し、そこでの推論を現実にかかわらせていく方法そのものに強い興味を抱くようになったのである。本書で取り上げられる経済学の分野やその記述の仕方が、このようにして形成された筆者の視点に大きく制約されていることは言うまでもない。しかし他面では、多くの分野に対して門外漢であることが、筆者が本質的だと考える論点に絞った記述を可能としていることに期待したいとも思う。

本書の以下の部分で記述の対象となるのは、多様かつ複雑に展開してきた二〇世紀半ば以降の現代経済学である。残念ながら、そこではいわゆるマルクス経済学は扱われていない。おそらく現代経済学の少なくとも一部の分野は、従来の経済学の枠組みを超えて、より広い歴史的・社会的視野を取り入れつつ発展していくと思われる。その際、社会科学としてより広い枠組みを持つマルクス経済学との相互作用（インタラクション）が重要になることは間違いないだろう。しかし、これも筆者の能力の限界により、本書で触れられなかった。

こうした理由から、以下の各章は、二〇世紀半ばにかけて新古典派経済学を主流派的地位に置くことによって、次第にある程度の統一的枠組みを形づくるようになった頃の経済学から始め、そこから新たに立ち上がってきた各分野に即しながら、記述されている。各章の記述に際して重視されるのは、第一に、その章で取り上げる新分野が立ち上がることを可能にした新たな発想とアプローチ方法であり、それが経済現象を見るわれわれにどのような視野の広がりをもたらしたのかというポイントである。

ただし、ここでも経済学史のように開拓者たちの思想や内面に深く切り込んでいくというよりは、経済学にどのようなインパクトをもたらしたのかを筆者自身の観点で解説している点は断わっておきたい。さらに、その分野のアプローチと方法を客観的に記述することで、可能な限り、そのアプローチの限界も明らかになればと願っている。

なお、少しだけ数式も出てくるが、わからない場合、そこは飛ばしても読めるように書いたつもりだ。

あらかじめ、本書の構成を述べておこう。

まず序章では、主としてノーベル経済学賞の受賞者の推移を見ながら、二〇世紀半ば以降の経済学の大きな流れを確認しておきたい。この章は、第1章以下の各章で取り上げる対象を示すことが主要な目的であり、かなり大胆に現代経済学の多様な分岐の仕方を図示した。

第1章では、二〇世紀の主流派経済学を、市場メカニズムに焦点を当てた新古典派の経済理論に同定し、ここから話を始める。この理論は、人間の心理に深く立ち入ることなく、人間の選択行動は合理的であると想定するところから出発する。いわゆるホモ・エコノミクス(homo economicus：経済人)の仮定である。合理的な主体同士が自発的に交換するならば、交換する当事者の両方ともが、交換しない場合と比較して、よりよい状態になると想定することは自然な発想であろう。新古典派経済学のもっとも基本的なところには、このアイディアがあり、それは交換の経済学と規定することが可能である。ただし、この基本的アイディアが、アダム・スミスの「見えざる手」を説明するような市場理論にまで高められるには、もう一つのステップを介在させる必要があった。それは価格をシグナルとする完全競争市場の場で、誰と誰が交換できるかが決定されることである。これによって、社会的にもっとも望ましい交換の状態が実現されることが説明される。精緻な数学理論で構成されている新古典派経済学の理論を、このようにばっさりと切り取ることで、その基本的アイディアを剔《てき》出《しゅつ》したい。ただし、この章は、その後の展開を知るためのベンチマークの役割を担っていると考えてもらえれば幸いである。

続く第2章は、ゲーム理論について解説する。ゲーム理論は、複数の主体（プレーヤー）の選択が組み合わさることで結果が生み出される状況（戦略的状況）を数学的に定式化したものである。ゲーム理論は、このような状況で人々がいかなる選択を行うかを、ナッシュ均衡という概念で予測・説明する。ゲーム理論は経済学の全般に対して多大なインパクトを与えたので、第2章以降の内容のほとんどすべてにかかわっていると言っても過言ではない。しかし第2章では論点を限定して、人々が他の人々の行動に対する「信念」（belief）を形成しつつ行動選択しているというゲーム理論の均衡の意味に力点を置いて解説をする。信念という言葉は、日常的には異なった意味を持っているが、ここでは予想というほどに理解してもらえば十分である。ゲーム理論は、社会のなかで人々が互いの行動について信念を持ち、その信念に基づいて行動していると考える。そこからは信念の如何によって、複数の異なる社会状態が安定的になりうることがわかってくるのである。

第3章はマクロ経済学について解説する。マクロ経済学は、GDP（国内総生産）という集計的経済量の発明によって経済政策の効果をモデル化できる画期的分野として立ち上がった。しかし、一九八〇年代以降のマクロ経済学の展開のキーワードは「期待」である。本書では、「期待」という概念が、ゲーム理論における他の人々の行動に対する信念と非常に近い概念と考える立場から、このような観点の転換がマクロ経済学に与えたインパクトに焦点を絞って述べていきたい。

第4章は行動経済学と神経経済学の発展について取り上げる。行動経済学は、ダニエル・カーネマンとエイモス・トヴェルスキーが行っていた、経済的意思決定の心理学研究を嚆矢《こうし》とする。この研究は当初、合理的な経済主体を前提として展開される主流派経済学からはほとんど無視されていたが、一九八〇年代に入ると、ファイナンスを専門とする経済学者の一部によって注目されるようになった。その後、経済学者と心理学者が共同して行った周到な計画のもとに立ち上げられて、経済学の一分野として確立されるに至った。その経済学における画期的な意義は、何よりも従来の経済学が主題化してこなかったリアルな人間行動を考察の中心に据えた点にある。しかし、この新分野の研究が有しているさまざまな問題については、あまり知られていない。章の後半では、行動経済学の意義と限界の両方を見据えた解説を行いたい。

第5章では、「実験」という発想が経済学に与えた影響のいくつかの展開について述べている。経済学は長い間、実験研究に馴染まないものと考えられてきた。しかし、第二次世界大戦後まもなくバーノン・スミスは、市場取引のさまざまなメカニズムを比較するために経済実験を行い、独自の実験の方法論を深めて、実験経済学を確立したのである。当初、市場実験を中心に展開してきた実験経済学は、一九八〇年代以降ゲーム理論と結びつくことで、経済学のなかに急速に浸透するようになる。この章の前半では、スミスの経済実験の基本的発想方法を取り上げ、それがゲーム理論と結びつき、どのように変化したのかなどに焦点を当てながら、実験経済学の現在を説明する。さらに後半では、まったく別の方面からも経済学に影響を与えるようになった実験のアイディアについて述べる。そこでのキーワードは、「証拠に基づく政策（evidence-based policy）」や「ランダム化比較試験（RCT：Randomized Controlled Trial）」である。この流れは、統計学における因果推論のより一般的な展開とも結びついているので、それについても簡単に解説したい。

第6章は制度の経済学の発展について述べる。市場メカニズムでは企業という非市場的制度が不可欠な役割を果たしている、としたロナルド・コースの問題提起の検討から出発する。今日、その発想が「契約と組織の経済学」という分野にまで発展したのは、ゲーム理論が経済学で一般化したことが大いに影響している。ただ、契約と組織の経済学をゲーム理論の単なる応用と見ることは間違いだろう。契約と組織の経済学が成立するうえで重要な役割を果たした、この分野特有の「センス」を強調しているのが前半である。後半では、制度論としてはかなり乱暴な仕方ではあるが、進化ゲーム理論を用いて制度の発生を説明する試みと、比較制度分析の基礎を解説している。

そして、第7章は近年の経済史研究の展開を、経済理論と歴史の対話という観点から解説する。ダグラス・ノースは西欧世界の勃興の説明を試みるなかで、西欧諸国における所有権の確立という制度的要因に行きついた。ここにおいて、経済史研究は制度の経済学と結びつく。前半は、その発想の独自性に焦点を当てる。しかし今日では、さらに広い範囲で歴史研究から経済理論への問題提起がなされている。たとえば、より長期の経済発展に注目する経済史研究からの経済理論への問題提起や、貨幣の歴史からの問題提起である。後半では、これらの問題提起を紹介したい。これまで抽象的なモデル化に集中して、あまり特定の時間や空間を考慮せず発展してきた経済学が、歴史的事実と率直に向き合わざるをえなくなっている様子の一端を伝えられればと考えている。

終章は、本書の総括として、現代経済学における対象の広がりと方法論の多様化がどのような意味を持っているのかを述べる。本章の議論はかなりの程度、スペキュラティブ——内容は哲学にかかわるが十分な論証は提示されていない——ものである。この間の発展を通して、経済学は法則発見よりもメカニズムの分析を目指す仕方で展開してきたのではないかという仮説を述べる。また、経済学が経済現象という客観的対象を受動的に分析するような学問であるだけでなく、それ自身が経済現象を形づくっているという遂行性の問題にも言及する。そこから見えてくるのは、行動経済学や神経経済学に見られるような自然科学的な人間把握が、近代的な人間観に対する大きな挑戦となる可能性があるということだ。その潜在的な危険性を述べつつ、経済学がより包括的な社会科学を目指すことが望ましいのではないかと提案する。

では早速、現代経済学の旅に出ることにしよう。それが、天才たちが築いてきた多様で美しい知的風景を楽しむ旅であるとともに、経済学とは何かを考えさせる旅にもなることを期待しつつ。

目次

図表作成・関根美有
図表作成／ＤＴＰ・市川真樹子

現代経済学

序章　経済学の展開

まえがきで述べたように、本書は二〇世紀半ば以降の経済学の展開を対象としている。序章では、その前に経済学の基礎となる、そもそもの人間本性、そしてミクロとマクロの違いについて簡単に解説したい。

そのうえで、これからの旅のルートとなる見取り図を、ノーベル経済学賞の歴史を踏まえて見ていこう。その後の章で扱うテーマの多くが、二〇世紀後半以降、急速に台頭してきたことが見えてくるはずだ。

経済活動の不思議さ

現在、われわれはグローバルな規模でかなり高度な分業を展開しており、交換を通じて、さまざまな種類のモノやサービスを手に入れることができる。これが経済活動のもっとも基本的な捉え方である。しかし、人間が分業し、それに基づいて交換するという事実は決して自明ではない。人間以外には、どの動物もこのような交換を行っておらず、したがって人間以外に顕著な経済現象は観察されないからである。

今日の経済学まで続く知的遺産の源流ともいえるアダム・スミス（一七二三〜九〇）は、彼が考察しようとしていた経済活動が人間固有のものだと気づいていた。『国富論』の第1編第2章から引用しよう（山岡訳に筆者が一部手を加えた）。

「ものを交換しあう」この性質は人類に共通しており、他の種の動物には見られない。動物は交換にかぎらず、どんな種類の約束や合意も知らないようだ。二匹の猟犬が一匹の兎を追いかけているとき、二匹が協力しあっているように見えることがある。（略）しかしこれは約束や合意の結果ではない（略）二匹の犬がじっくりと考えたうえ、骨を公平に交換しあうのを見た人はいない。

アダム・スミスの考察は、現在の研究水準から言っても慧眼《けいがん》としか言いようがない。もちろん研究者のなかには、他の動物種に交換の原初的形態を見出そうとする人もいるが、基本的に分業を通した広範囲の交換という形態は、人間に特有であることが定説になっている。

第4章で触れるように、今日では人間の心理や行動を、生物進化の観点から理解しようとする潮流が、経済学にも大きな影響を与えている。この観点から見ると、動物の場合には、たとえば毛繕いをしてもらうと、後で毛繕いで返すというように、同じものを時間を違えてものである。

交換することしか観察されない。同じ時点で異なるものを交換しあうことは、人間独自のものようである。

人間独自の協力行動の源泉を追求するなかで、行動経済学者エルンスト・フェールが行きついたのも、この概念だった。人間の協力行動は、それ以外の動物の協力行動を説明する概念では十分に説明できないと考える研究者たちは今日、「超社会性」という言葉を用い、遺伝的に無関係な個体間の大規模協力行動が、人間に特有の現象だと主張しているのである。

分業と交換が広範囲に及んでいると一言で指摘するのは簡単だ。しかし、それがいかに想像を絶したものなのかは、トーマス・トウェイツというデザイナーの『ゼロからトースターを作ってみた結果』を読めばわかる。

あるとき彼は、比較的簡単な人工物であるはずの安物トースターを自作してみようと思いたった。自然にあるものだけを素材として、トースターという完成物に込められているさまざまな技術を学び、すべてを自力で作ろうとしたのである。そのために、大学教授にインタビューするなどして、さまざまな技術を集める努力をしたが、そこでわかったことは、少量の鉄鉱石から鉄を取り出すような技術でさえ、今日の最先端の鉄鋼業の技術からかけ離れたものだということだった。そもそも現在の鉄鋼業の技術は、ゼロから作ることを想定していないのである。彼が鉄鉱石から鉄を取り出す技術をようやく見出したのは、ラテン語で書かれた一六世紀の書物のなかであったそうである。そう考えると、われわれの文明がいかに分業と交換の複雑なシステムで構成されているのかがわかる。しかも、この複雑な依存関係は、比較的簡単な人工物を自作できないほどのものなのだ。

人間が複雑な交換・分業関係を創出している点に着目し、そこに文明の秘密があると洞察して、人間がどのような動機でそれを成し遂げているのかを描こうとしたアダム・スミスの著作は、いまだに新鮮である。

政治経済学から経済学へ

交換は人間の本性とも呼べるものなので、経済現象が先史時代からあったことは間違いない。しかし、それはおそらく現代人が経済活動とみなすものとは異なっていたかもしれない。

たとえば、交換は次第に人々が集まる場を生み出して、定期的で頻繁なものになっていったと思われる。いわゆる、市場《いちば》である。しかし、市場は経済的な意味だけを有していたわけではなく、そこに人々が集まるのには宗教的・文化的な意味が大きかったはずだ。ギリシャのアゴラ（広場）のような場は、商品が売買されるだけでなく、むしろ政治的な集会の場として発展してきたものだと思われる。これを市場《しじょう》として概念化していく過程は、経済学の確立するプロセスと切り離すことができない。

もっとも、交換を人間の根本的な本性とみなし、そこから時間をかけて「自然に」市場経済が発達してきたという描像を、あまりに単純化することには注意が必要である。われわれは、すでに経済人類学者カール・ポランニー（ポラニーとも。一八八六〜一九六四）による強力な議論を知っているからである。彼は大著『大転換』で、交換を人間の本性とみなして市場経済の発展を説く把握の仕方は、経済学者が創作したフィクションだと言う。そして、交換は確かにあったものの、一九世紀以前の人類史を通じて、市場は決して経済生活を支配するようなものではなく、社会に埋め込まれた存在であったと主張する。人間の経済生活を長らく支配していたのは、むしろ個々人の社会的立場への顧慮に起因する「互恵性」と「再分配」だったというのだ。

互恵性とは、現在または将来における「お返し」に関する明確な同意に基づかずに財やサービスを贈与しあう関係を指し、再分配は富を社会の成員全体に行き渡らせるような社会的な仕組みである。しかも、市場交換を中心的原理とした海外交易もあるにはあったが、長い間、人類はそれが社会全体に浸透しないように注意深く管理してきたのである。ポランニーの議論は、市場というものに対する経済理論と経済史の視点の違いを示していて興味深い。

それだけではない。ポランニーは、交換と市場を強調する経済学者の考え方が一八世紀後半以降に登場したことで、一九世紀に至って市場経済が支配的になる仕組みを社会に押し付ける結果になったとも主張している。彼によれば、市場がすべての経済生活を支配するという考え方は、一種のユートピア思想であった。経済学者が創作したこのユートピアで社会を作り替えてきたことが、貧困問題などを生み出し、二〇世紀の二度の世界大戦にも通じる人類史的な災厄の原因になったという。経済学者の考え方が社会を作り替えてしまうという指摘はきわめて興味深いもので、これについては最終章で、経済学の「遂行性」の問題として取り上げることにしよう。しかし、それを論じることがここでの目的ではないので、当面は経済学者の創作した「神話」に即して、議論を進めていこう。

なぜ一八世紀後半になり、ようやく今日の経済学へと続く経済学の原型がアダム・スミスにより提出されたのだろうか。これにはおそらく、商業活動が活発になるとともに、経済現象が次第にそれ自身の自律性を持ち、ある程度の法則的把握が可能だという認識の登場が背景にあると思われる。フリードリヒ・ハイエク(一八九九〜一九九二)が述べているように、アダム・スミス自身が属しているスコットランドの啓蒙主義のなかで、「人間の行為の産物ではあるものの、人間の設計の産物ではない」と特徴づけられる「自生的秩序」としての「市場」が、この時期になって意識されだしたのは、市場経済の自律性の高まりを示しているのだろう。

このことに加えて、他方では、ヨーロッパの各国が勢力争いを繰り広げるなかで、次第に独自の財政政策や金融政策を行う主体として、近代的な国家へと近づきつつあったことがある。すなわち、国家を合理的に運営するうえで、自律的な経済の動きを把握する必要性に迫られるようになってきたのである。この事情は、以下のアダム・スミスの言葉によく反映されている(『道徳感情論』、引用は高訳《たか》による)。

人間社会という大きなチェス盤の場合、それぞれの駒のすべてが、それ自身の動き方の原則——立法府が個人に付与するように決めかねないものとは、まったく異なる——をもっているなどと、彼は考えてもみないのである。もしこの二つの原則が、一致して同一方向に作用するとすれば、人間社会というゲームは、円滑に調和を保って進行するだろうし、幸福な繁栄も大いに確実なことであろう。もし両者が逆だったり、違っていたりしたら、そのゲームは悲惨なうちに進行し、社会は、つねにこれ以上ない混乱状態に陥るはずである。

このように、アダム・スミスにとって経済学は、「諸国民の富の原因と本性」を探求する学問だったし、それは人間の本性や慣習、人間が創出する制度、そして国家の政策と切り離して論じられるものではなかった。実際、それは「政治経済学（political economy）」と呼ばれるようになった。われわれは『国富論』を市場メカニズムの分析の書と思いがちだが、その叙述には歴史的考察が多くの部分を占めている。

その後の経済学は、大雑把に言えば、市場のメカニズムの解明へと収斂《しゅうれん》していくことになった。政治経済学ではなく、現在われわれが使用している「経済学（economics）」という言葉が使用されるようになるのは、一九世紀末に出版されたアルフレッド・マーシャル（一八四二〜一九二四）の『経済学原理（Principles of Economics）』によると言われている。数学的素質に恵まれたマーシャルは、政治やその他の社会科学の分野から独立して、数学的に厳密な基礎の上に経済学を構築し直そうと試みたのだ。また、彼は、これから述べる「新古典派経済学」の父祖とも言える人である。

経済学という学問については、今日あるような一つの領野を形成したのが一九世紀末期という比較的新しい時代に属していること、その対象や方法は背後にある哲学や思想、時代の影響を受けて、常に変化してきたことを意識するのが重要である。一つの学問的領野は、超時代的に固定した研究対象に対して定義されるものではないし、また統一的な方法論的視座によって定義されるものでもない。むしろ常に、互いに矛盾しあう言説の集合として存在してきたし、それを貫く学問的な規範も恒常的な揺らぎのもとにあったとさえ言える。以下で展開される現代経済学の変容も、この点を考えれば驚くには及ばないだろう。

ミクロとマクロ

現代経済学が持つ広がりと、それを支えるさまざまな重要なアイディアについて述べるにあたり、前提として使用せざるをえない「ミクロ」と「マクロ」という言葉について説明しておきたい（経済学を学んだことのある人は、ここを飛ばしても構わない）。

一般に経済は複雑なシステムをなしている。経済学は経済という複雑なシステムを理解・

説明したり、その振る舞いを予測したりしようとする学問である。ここでは必要以上に難しく捉えず、システムとはそれを構成する諸要素と、それら諸要素同士のダイナミックな相互作用という二つから成り立っていると考えれば十分である。

経済学では基本的に、消費や貯蓄などの経済的意思決定を行う主体（これを経済学では「経済主体［economic agent］」と呼ぶ）をシステムの要素とみなすのが一般的である。具体的には、消費を選択する個人とか、生産量を選択する企業などを考えればよい。たとえば市場を通して売り買いを行うなど、経済主体間の相互作用を通じて経済システム全体の状態が決定されていると考えられる。

経済システムの状態を説明したり、理解したり、あるいはその振る舞いを予想したりする際の方法としては、さしあたって二通りのアプローチが考えられる。

一つは、システムの構成要素からシステム全体へという方向性を持つ説明と予測の戦略で、経済学に限らず、この戦略は「要素還元主義」と呼ばれている。経済学の文脈では、まず各経済主体の行動を分析しておき、それをもとに経済全体の動きを説明しようとする。これが通常、ミクロ経済学と呼ばれるものを特徴づけている。ミクロ（micro）とは「微」であり、細かいことを意味している（たとえばmicroscopeは顕微鏡である）。

これに対して、経済システムが示すさまざまな集計量について、直接それらの間の関係をモデル化しようとする戦略もありうる。これがマクロ経済学の特徴である。集計量の例としては、GDP、失業率、経常収支、物価水準などが挙げられる。

たとえば失業率という概念は、ある特定の一人が失業しているかどうかにかかわるのではなく、それを計算するためには、経済全体を見わたして集計する必要がある。一国経済の景気の良し悪しなどはマクロ的な現象である。システム全体の振る舞いは、個々の要素の振る舞いに還元できるとは限らないかもしれない。こうした見方は、「要素還元主義」に対して、しばしば「全体論《ホーリズム》」と呼ばれる。現在のマクロ経済学者たちのすべてがこのような思想を持っているわけではないが、重要な視点なのは間違いない。

要素から全体へと説明していくのがよいのか、最初から全体を考察の対象とした方がよいのか、両者には方法論的・思想的に大きな溝があるようにも思える。このことから、われわれはどちらが「正しい」のかと考えてしまいがちだが、本書のレベルでは必ずしもそう考える必要はない。これから読者は、経済学のもっと多様な方法論的広がりを見るのだから。ここではさしあたって、ポール・サミュエルソン（一九一五～二〇〇九）のロングセラー教科書『経済学』以来、大学の経済学教育ではミクロ経済学とマクロ経済学という二つの柱が教えられてきたことを理解しておこう。

ノーベル賞で見る経済学の変化

毎年一〇月が近づくと、筆者は今年のノーベル経済学賞を誰が受賞するかが気になりはじめる。例年、授業で、その年のノーベル経済学賞の研究内容の解説をするのが恒例になっているからだ。

周知の通り、ノーベル賞はダイナマイトの発明で有名なアルフレッド・ノーベルの遺言により、もともとは物理、化学、医学生理学、文学、平和の五つの分野について設置されたものである。ノーベル経済学賞はこれらの賞からは遅れて、一九六八年にスウェーデン国立銀行の設立三〇〇周年を記念して設置された。したがって、この賞は他の各賞とは位置づけと重みが違う。ノーベル経済学賞は正確には「アルフレッド・ノーベル記念　経済科学におけるスウェーデン国立銀行賞」とでも訳すべきもので、賞金も同銀行のファンドから出されている。しかし、一般的にはノーベル賞の一つとしてカウントされている。

では、どうしてこの時期に経済学を対象とするノーベル賞が設置されたのだろうか。第一回目の授賞におけるアナウンスメントを見てみると、次のような言葉に突き当たる。

「過去四〇年の間、経済科学はますます、経済的文脈の数学的特定化と統計的数量化の方向に舵《かじ》をとりながら発展してきた。ここ数十年におけるこの学問領域の発展を特徴づけてきたのは、まさにこうした線に沿った経済学研究、すなわち数理経済学と計量経済学だった」(拙訳)

こうして、第一回目は、計量経済学の貢献に対し、その二人のパイオニア――ノルウェーのラグナー・フリッシュとオランダのヤン・ティンバーゲン――が受賞し、第二回目は、数理経済学に対する貢献でポール・サミュエルソンが受賞したのである。

二〇世紀の初頭から半ばにかけて、目覚ましい発展を遂げつつあった数学、論理学、物理学の成果を哲学的に整理する努力が盛んに行われた。「論理実証主義」あるいは「論理的経験論」と呼ばれる哲学的流派である。そのコアにある科学観では、物理学のような経験科学——論理的形式に関するものではなく、現実世界の事実に関する科学——もまた、論理的体系として記述されなければならないという考え方が有力であった。このような状況で、数学的体系化を目指す経済学の発展は、経済学が物理学とも並び立つような経験科学として確立したというイメージを強固にしただろう。いずれにせよ、六九年の第一回目の授賞以来、経済学を中心に、社会科学に大きな貢献を成し遂げた人々を対象に、毎年ノーベル賞が授与され、すでに五〇年を超えようとしている。

しかし、この半世紀近くにわたるノーベル経済学賞の授賞動向を見てみると、設立当初の意図をそのまま貫徹できなかったことがわかる。受賞者の傾向が大きく変化してきたのである。裏返せば、ノーベル経済学賞の歴史は、この間の経済学の発展と変化をよく反映しているわけだ。

一九八〇年代までの受賞者の受賞理由は、大きく三つに分けられそうである。

第一は、経済モデルの開発や計量的分析手法の確立に貢献したり、それらを経済学の各分野へと展開する先駆的業績を挙げた人々への授賞である。このような業績の蓄積がノーベル経済学賞を設置する際の背景にあったことは、先に触れた通りだ。経済学は「科学」として、数理的な分析手法に基盤をおくものになったと考えられたのである。たとえば、ポール・サミュエルソンは、著書『経済分析の基礎』によって、数学を使用した経済分析という厳密さの基準の設定に大きく寄与した経済学者である。その厳密性の基準は、今日に至るまで多くの経済学者にとっての基準であり続けている。

第二は、社会主義と資本主義の対立（別の言い方をすると、中央集権的計画経済と分権的市場経済の対立）や、市場経済における政府の役割に関する当時の論争に、独自の知見によって貢献した人々への授賞である。この頃は、第二次世界大戦後の米ソによる冷戦の時期であり、資本主義と社会主義の対立は、先進国の国内政治における保守と革新のイデオロギー対立にも反映されていた。当時の経済学の政策的側面の骨格は、こうした論点に関する大物経済学者の論争によって形づくられていたといってもよいだろう。市場を放置するのではなく、政府が裁量的に経済に介入して安定化できるという考え方を持つ経済学者（サミュエルソン、ローレンス・クライン、ジェームズ・トービン、フランコ・モディリアーニなどのケインジアン）と、政府の市場への介入がもたらす負の側面を強調し、ケインジアンに反対の立場をとって、裁量ではなくルールを重視すべきだと考える経済学者（ハイエク、ミルトン・フリードマン、ジェームズ・M・ブキャナンなどの自由主義的経済学者）が入り交って受賞している。

第三は、第一の点とも密接に関係しているが、より特定的に完全競争市場の一般均衡理論

『ノーベル経済学賞の40年』およびノーベル財団のホームページなどをもとに作成

年	名前	国籍	受賞理由
1978	サイモン	アメリカ	経済組織内部での意思決定プロセスにおける先駆的な研究を称えて
1979	シュルツ	アメリカ	発展途上国問題の考察を通じた経済発展に関する先駆的研究を称えて
	ルイス	イギリス	
1980	クライン	アメリカ	景気変動・経済政策を分析する上での経済的なモデル・手法の開発に対して
1981	トービン	アメリカ	金融市場とその支出決定・雇用・生産物・価格との関連性の分析を称えて
1982	スティグラー	アメリカ	産業構造や市場の役割・規制の原因と影響についての独創的な研究を称えて
1983	ドブルー	フランス	一般均衡理論の徹底的な改良と経済理論に新たな分析手法を組み込んだことを称えて
1984	ストーン	イギリス	国民勘定のシステムの発展に対する基本的な貢献と実証的な経済分析の基礎の多大な改良を称えて
1985	モディリアーニ	アメリカ	貯蓄と金融市場の先駆的な分析に対して
1986	ブキャナン	アメリカ	公共選択の理論に於ける契約・憲法面での基礎を築いたことを称えて
1987	ソロー	アメリカ	経済成長理論への貢献を称えて
1988	アレ	フランス	市場と資源の効率的な利用に関する理論の先駆的な貢献を称えて
1989	ホーヴェルモ	ノルウェー	計量経済学の確率基礎理論の解明と同時発生的経済構造の分析を称えて

と呼ばれる市場メカニズムの精緻な数理モデル、あるいはその分析手法を構成する数理計画法の発展に対する授賞である（アロー、ヒックス、アレ、カントロヴィチ、クープマンス、ドブルー）。今日、経済学大学院のコースワークではミクロ経済学の前半で、消費者の効用最大化、企業の利潤最大化を数理計画法の問題として捉え、そこで導出される需要と供給がすべての財・サービスについて等しくなる均衡状態（「一

表P-1　1989年までのノーベル経済学賞受賞者

年	名前	国籍	受賞理由
1969	フリッシュ	ノルウェー	経済過程の分析に対する動学的モデルの発展と応用を称えて
	ティンバーゲン	オランダ	
1970	サミュエルソン	アメリカ	静学的および動学的経済理論の発展に対する業績と、経済学における分析水準の向上に対する積極的貢献を称えて
1971	クズネッツ	アメリカ	経済および社会の成長に関する構造および過程を深く洞察するための経済成長に関する理論を実証的手法により構築した功績を称えて
1972	ヒックス	イギリス	一般的均衡理論および厚生理論に対する先駆的貢献を称えて
	アロー	アメリカ	
1973	レオンチェフ	ソビエト	投入産出分析の発展と、重要な経済問題に対する投入産出分析の応用を称えて
1974	ミュルダール	スウェーデン	貨幣理論および経済変動理論に関する先駆的業績と、経済現象・社会現象・組織現象の相互依存関係に関する鋭い分析を称えて
	ハイエク	オーストリア／英	
1975	カントロヴィチ	ソビエト	資源の最適配分に関する理論への貢献を称えて
	クープマンス	アメリカ	
1976	フリードマン	アメリカ	消費分析・金融史・金融理論の分野における業績と、安定化政策の複雑性の実証を称えて
1977	オリーン	スウェーデン	国際貿易に関する理論および資本移動に関する理論を開拓した業績を称えて
	ミード	イギリス	

般均衡」と呼ばれるもの）の存在や、それが持つ望ましい性質を学ぶのが通常である。大学院で学んだ経済学者ならば誰もが一度は頭に叩きこむ、こうした内容は、これらの人々の研究に起源を持っているといってよい。

先に、アダム・スミスの「政治経済学」がその後には市場のメカニズムの解明へと向かっていったと述べたが、その大きな潮流はここにおいて頂点に達したといってよいだろう。というのは、スミスが『国富論』で言及した市場の「見えざる手」の意味を、社会的に望ましい状態が市場によって実現されることだと解釈したうえで、この理論がそのメカニズムを精緻に解き明かすことに成功したと、おおかたの経済学者は理解しているからである。

一九九〇年代以降のノーベル経済学賞

このような授賞動向は一九九〇年代以降になると大きく変化する。それには、この頃までに、経済学の骨格を形づくってきた一般均衡のモデルがほぼ完成されていたこともあるが、時代背景の変化も大きな影を落としていると思われる。

この頃までには、一九七〇年代のスタグフレーション（景気停滞と物価上昇が共存する現象。第3章で触れる）との闘いを通して、政府による経済への裁量的介入が思ったほど容易ではないとわかってきていた。国際関係の面では米ソの冷戦が終わり、社会主義vs.資本主義という論争も、その意味では「決着」がついた時期である。旧社会主義諸国が市場経済化を進めるという壮大な歴史的実験が進行するなかで、このあたりから、市場メカニズムはそれを支える非市場的な諸制度があってこそ、よく機能するという見方が顕著になってきた。言い換えると、問題は「計画」か「市場」ではなくなり、分権的市場が、集権的計画で動かされる企業のような組織によっていかに支えられているのかという視点の転換が生じてきたのである。

他方、経済理論の内部で大きな革新が生じたことも重要である。経済学の転換を促した最大の事件は、一九七〇年代に「情報の非対称性」という概念が発見され、われわれの身の回りの経済現象に幅広い応用例を見出したことである。科学的発見が世界に対するわれわれの見方を変えると言われることがあるが、非対称情報の経済学はその好例といえよう。われわれは、この概念を手にしたことで、経済の見方を大きく広げたのである。

非対称情報の経済学は、取引当事者の間でどちらか一方しか知らない情報があるときに、何が起こるのかを分析するものだ。この分野の開拓者であるジョージ・アカロフ（一九四〇〜）は、中古自動車が、自分の商品の品質を知っている売り手とその情報を持たない買い手の間で取引されたときに、品質のよい中古自動車の市場取引が成立しない可能性を示した。

このように、一般的に情報の非対称性は社会的に非効率的な状態を生じさせる。そして、そこで生じているメカニズムが理解されるようになると、現実社会に観察されるさまざまな制度が、非効率的な結果に陥らないために存在しているのだと理解されるようになってきた。情報の非対称性にまつわる研究は、その後、ゲーム理論に引き継がれる。後に詳しく述べるように、ゲーム理論は複数の主体の間における戦略的状況を分析するものだが、そこで数学的に定式化され、分析されるゲームには、売り手と買い手の間で情報が非対称な状況も含まれるのである。つまり、応用範囲が非常に広いのだ。

ゲーム理論が経済学に与えたインパクトは、本書の大きな部分を占めるテーマである。最

『ノーベル経済学賞の40年』およびノーベル財団のホームページなどをもとに作成

年	名前	国籍	受賞理由
2002	カーネマン	米／イスラエル	行動経済学と実験経済学という新研究分野の開拓への貢献を称えて
	スミス	アメリカ	
2003	エングル	アメリカ	時系列分析手法の確立を称えて
	グレンジャー	イギリス	
2004	キドランド	ノルウェー	動学的マクロ経済学への貢献：経済政策における動学的不整合性の指摘と、リアル・ビジネス・サイクル理論の開拓を称えて
	プレスコット	アメリカ	
2005	オーマン	米／イスラエル	ゲーム理論の分析を通じて対立と協力の理解を深めた功績を称えて
	シェリング	アメリカ	
2006	フェルプス	アメリカ	マクロ経済政策における異時点間のトレードオフに関する分析を称えて
2007	ハーヴィッツ	アメリカ	メカニズム・デザインの理論の基礎を確立した功績を称えて
	マスキン	アメリカ	
	マイヤーソン	アメリカ	
2008	クルーグマン	アメリカ	貿易のパターンと経済活動の立地に関する分析の功績を称えて
2009	オストロム	アメリカ	経済的ガバナンスに関する分析を称えて
	ウィリアムソン	アメリカ	
2010	ダイアモンド	アメリカ	サーチ理論に関する功績を称えて
	モーテンセン	アメリカ	
	ピサリデス	キプロス	
2011	サージェント	アメリカ	マクロ経済の原因と結果をめぐる実証的な研究に関する功績を称えて
	シムズ	アメリカ	
2012	ロス	アメリカ	マッチング理論と市場設計の実践に関する功績を称えて
	シャープレー	アメリカ	
2013	ファーマ	アメリカ	資産価格の実証分析に関する功績を称えて
	ハンセン	アメリカ	
	シラー	アメリカ	
2014	ティロール	フランス	市場支配力と規制に関する分析に対して
2015	ディートン	米／英	消費、貧困、福祉の分析に関する功績
2016	ハート	米／英	契約理論に関する功績
	ホルムストローム	フィンランド	
2017	セイラー	アメリカ	行動経済学への貢献

表P-2　1990年以降のノーベル経済学賞受賞者

年	名前	国籍	受賞理由
1990	マーコウィッツ	アメリカ	資産形成の安全性を高めるための一般理論形成を称えて
	ミラー	アメリカ	
	シャープ	アメリカ	
1991	コース	アメリカ	制度上の構造と経済機能における取引コストと財産権の発見と明確化を称えて
1992	ベッカー	アメリカ	非市場における行動を含めた広範にわたる人間の行動と相互作用へのミクロ経済学分析の応用を称えて
1993	フォーゲル	アメリカ	経済理論と計量的手法によって経済史の研究を一新したことを称えて
	ノース	アメリカ	
1994	ゼルテン	ドイツ	非協力ゲームの均衡の分析に関する理論の開拓を称えて
	ナッシュ	アメリカ	
	ハーサニ	ハンガリー	
1995	ルーカス	アメリカ	合理的期待仮説の理論を発展、応用し、1970年代以降の財政・金融政策などマクロ経済理論に大きな影響を与えた事を称えて
1996	マーリーズ	イギリス	「情報の非対称性のもとでの経済的インセンティブの理論」に対する貢献を称えて」
	ヴィックリー	カナダ	
1997	マートン	アメリカ	金融派生商品（デリバティブ）価格決定の新手法に対して。オプション評価モデルであるブラック－ショールズ方程式の開発と理論的証明
	ショールズ	カナダ	
1998	セン	インド	所得分配の不平等にかかわる理論や、貧困と飢餓に関する研究についての貢献を称えて
1999	マンデル	カナダ	さまざまな通貨体制における金融・財政政策（「マンデル・フレミング・モデル」）と、「最適通貨圏」についての分析を称えて
2000	ヘックマン	アメリカ	ミクロ計量経済学において、個人と家計の消費行動を統計的に分析する理論と手法の構築を称えて
	マクファデン	アメリカ	
2001	アカロフ	アメリカ	情報の非対称性を伴った市場分析を称えて
	スペンス	アメリカ	
	スティグリッツ	アメリカ	

ジョン・ナッシュ

初のゲーム理論関係の受賞は、一九九四年のジョン・ナッシュ（一九二八〜二〇一五）、ラインハルト・ゼルテン、ジョン・ハーサニである。実は、ゲーム理論の経済学における重要性に関しては、一九九四年よりもはるかに前から経済学者の間で十分なコンセンサスがあり、ノーベル賞の授与が検討されていた。しかし、ゲーム理論でもっとも重要な貢献をしたジョン・ナッシュが統合失調症に苦しみ、回復を待つ必要があったため授賞が遅れたことが知られている。その経緯は、映画『ビューティフル・マインド』によって広く知られることになった。

広範囲の経済的状況を定式化できるゲーム理論の表現力は、市場に限定されない取引制度の分析を可能にした。市場で需要と供給が出会って成立する状況を分析する従来の市場分析では、標準化された財の取引のみが対象とされていたといってよいだろう。品質の問題を考える必要のない標準化された財ならば、取引はその場において財と貨幣が交換されて完結すると考えることで十分だろう。

これに対して、労働市場や金融市場では取引はもっと複雑である。たとえば、労働の取引は契約にサインした時点で終了するのではなく、雇用主が実際に約束した金額の支払いをしてくれるかどうかとか、労働者が約束通りのパフォーマンスを示してくれるかどうかが問題となり、どのように契約を設計したらよいのか、いかに組織をつくったらいいのかが問われることになる。ゲーム理論で可能になったのは、こうした分析である。

これにより「契約と組織の経済学」が展開する。そこには、会社組織のコーポレート・ガバナンスなど、経済的ガバナンスのあり方に関する制度的研究も含まれるが、これらの研究は上述したように、市場を支えるさまざまな経済的諸制度の研究という研究課題と結びついているし、歴史のなかで経済発展を可能にしてきた諸制度への問題意識ともつながっている。特に、ゲーム理論による制度研究は、人々が制度のなかでどのようなインセンティブ（誘因）を持つのかということに注目する。経済学のなかで、今日、インセンティブという言葉が当たり前のように使用されているのも、ゲーム理論によると言って過言ではない。

また、世の中に存在するさまざまなオークションの方式を分析するオークション理論や、市場を介さずに、取引当事者の一方を他方と結びつけるための望ましい仕組みを分析するマッチング理論など、今日では「マーケット・デザイン」と呼ばれている応用分野も、ゲーム理論から発展してきた。この分野では、経済学者が取引の新たなメカニズムを設計し、現実に使用できるようにすることからもわかるように、これまで事実を解明するという理学的分析を主にしてきた経済学が、工学的な役割をも果たすようになったという転換が見られる。

ゲーム理論は比較的実験が行いやすいため、すでに一部で展開されつつあった経済学の実験研究を促進する役割も果たした。ここから実験で得られた人間行動のデータを説明するための行動経済学という分野も立ち上がることになったのである。

情報の非対称性に関する経済学の革新と同じくらい重要な、もう一つの革新は、先にも触れた一九七〇年代のスタグフレーションに関する政策論争で、マクロ経済学から登場してきた。それは、経済のなかで人々が将来に対する予想を形成して現在の行動を選択しているという事実を正面から受け止めようとする動きだ。経済システムは、それを構成する主体がシステムの振る舞いを予想しながら行動選択するという点で、自然科学が対象とするシステムとは異なるのである。しかし、予想をする経済主体をモデル化するには、それまでのマクロ経済学がそうであったように、単に集計された量の間の研究に留まっていることができない。このため、マクロ経済学もまたミクロ経済学の成果を取り入れるような仕方で発展してきたのである。

このように、経済学はその手法、内容、目標の面で大きく変化しているのだが、その変化の広がりがあまりに広大になると同時に専門化したために、何が研究されているのかが一般の人にはわかりにくくなってしまったように思われる。かつては、経済を安定化する際の政府の役割のような大問題を中心に論争が繰り広げられ、関連する一般書も出版されてベストセラーになるなど、経済学が何をやっているのかは比較的わかりやすかったといえよう。

しかし現代の経済学では、このような大問題の解決からは少し距離を置くような研究が多様に繰り広げられているのである。まえがきで述べたように、このことが、一般の人々の経済学に対する認識と現実の経済学研究のギャップを生み出し、経済学に対する過大な期待と失望とを生み出す要因の一つになっているのかもしれない。

経済学とは何か

この間の経済学の変化は、経済学者が経済学をどのように定義してきたのかという観点からも見ることが可能だ。

二〇世紀の半ば以降の経済学で広く採用された定義は、一九三二年にライオネル・ロビンズ（一八九八〜一九八四）が『経済科学の本質と意義』のなかで与えたもので、今日でも経済学入門の多くの教科書で言及されている。ロビンズは、「孤立した人間」が所得を稼ぐことと余暇の楽しみという二つの目的の間でどのように希少な時間を用いるのかという問題の分析にこそ、さまざまな経済学的問題の本質があると述べている。

すなわち、人間にとって利用可能な資源（この例では時間）が希少性を持っていると同時に、人間はさまざまな目的の達成のため（この例では所得を得ることと、余暇を楽しむこと）にこれらの資源を用いているという経済問題の抽象的な描像である。こうして、彼は「経済学は、さまざまな用途を持つ希少なさまざまな手段とさまざまな目的との関係として、人間行動を研究する科学である」と定義した。

この定義に、人間は自分の効用(満足)を最大化するために資源の用い方を選択するという「人間行動に対する仮定」を追加すれば、この問題がきれいな数学的問題として定式化される可能性を感じるだろう。これこそが、ノーベル経済学賞に即して解説したような経済学の数学的発展の姿だったのである。こうして、先に述べたように、経済学は、一定の条件のもとではあるが、市場メカニズムが社会的にもっとも望ましい資源配分を実現することを証明することに成功した。

しかし、ゲーム理論が経済学に浸透した後では、経済学者の経済学に対する見方は希少性と最適化を基本とする上述の定義に収まらなくなってきた。それを一番よく例示しているのは、アリエル・ルービンシュタイン(一九五一〜)というゲーム理論家が与えている経済学(正確には経済理論)の次のような定義であろう。「経済理論は、人間の相互作用(インタラクション)における規則性を説明しようとするものである」(Rubinstein 1996)。

ゲーム理論は複数の人間同士の相互作用で何が起こるのかを理論的に予測するものであり、そこではロビンズが強調していた「孤立した人間」や「希少性」といった概念は後景に退いている。現代経済学が大きく様変りしつつある一つの証左といえるだろう。

二〇世紀後半以降の経済学の展開

これまで述べてきたような二〇世紀経済学の展開を大まかな図として示したのが、図P-

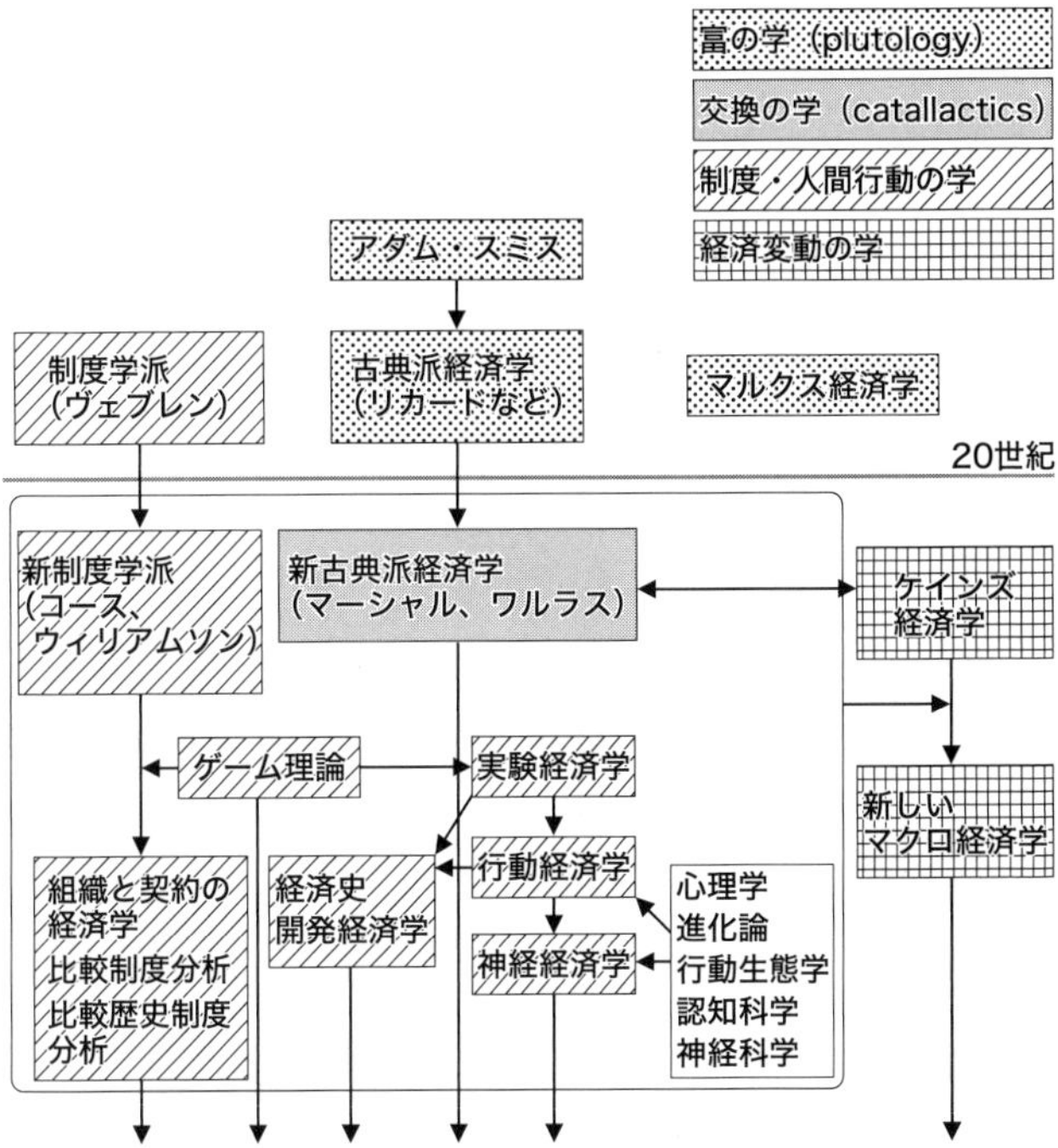

図P-1　20世紀以降の経済学の展開

1である。こうして改めて全体像を描こうとしてみると、経済学が多様な問題設定を内包させつつ発展してきたことがわかる。

たとえば、経済活動を、自律的な人間存在が互いに交換することとみなす視点から経済を分析する経済学（交換の学：catallactics）、社会における富と所得の分配のあり方の理解を目標とする経済学（富の学：plutology）、人が創出する制度や人間行動のあり方に焦点をあてる経済学、経済変動に焦点を当てる経済学などが存在する。

図では二〇世紀のところで横線が引いてある。大づかみに述べるならば、二〇世紀の主流派経済学とは交換の学としての新古典派経済学であった。これは今日、大学の学部で学ぶミクロ経済学に対応している。一九三〇年代の大不況のなか、対抗するかたちでケインズ経済学が出現し、その内容が整理されて、今日大学で教えられるマクロ経済学となった。しかし、先にも少し触れたように、一九六〇~七〇年代のスタグフレーションをめぐる論争を通じて、マクロ経済学はますますミクロ経済学的手法を取り入れるようになっており、それにより今日のマクロ経済学は大きく変化しつつある。それを図では「新しいマクロ経済学」と名づけてある。大体、ここまでが大学の一般的な経済学入門で学ぶ内容に対応している。

制度を重視する経済学も世紀をまたいで存在していたが、長い間、経済学のなかでは非主流派的な存在だった。しかし、すでに一九三六年の時点で、ロナルド・コース(一九一〇~二〇一三)は、市場とは異なる資源配分のメカニズムとして企業組織を分析すべきことを洞察し、企業が存在する理由が取引費用にあることを主張していた。この洞察は第二次世界大戦後に、オリバー・ウィリアムソン(一九三二~)らに受け継がれて、取引費用経済学として発展してきたのである。これは図の「新制度学派」に対応している。取引費用経済学はゲーム理論と結びついて急速な発展を遂げ、今日では「新制度派経済学」と呼ばれるものを形成するに至っている。

ゲーム理論が実験研究と結びつき、実験経済学の勃興に一役買ったこと、それがさらに行動経済学とも結びついて、人間行動そのものへの関心を高めるようになったことはすでに述べた通りである。人間行動への関心は、一九九〇年代の生体情報を計測する技術の進歩とも結びついて、神経経済学という新分野を生み出すことになった。ここまでくれば、経済学と、人間の社会行動に関連するさまざまな学問領域——心理学、認知科学、進化論（進化生物学、進化心理学）、行動生態学、神経科学等々——との結びつきが生じてくるのも必然である。今日の経済史研究の一部では、このような学際的研究の成果を積極的に取り入れつつある。

また、この図には十分描ききれていないが、従来は困難とされていた因果関係の識別に統計的手法を用いて挑戦する流れが発生し、そのなかから実験室における経済実験とは異なる方面から実験研究が経済学に取り込まれるようになる。この手法が、政策の有効性の同定に役立つことから、開発経済学に取り上げられて、その手法と内容を大きく変えつつある。

このように特に二〇世紀後半以降に急速かつ多様に進化を遂げている現代経済学だが、筆者の教育経験から言って、今まで説明してきた流れを飛ばして、最先端の研究の中身をいきなり話しても、それが持つ重要な意義が正確には理解されないようである。

たとえば、行動経済学で明らかにされた人間行動の不合理性について話すと、大学生は興味を持ってくれはするものの、単に「そういうもの」として理解されてしまい、それがどうして経済学的に重要な意味を持つのかを理解してもらうのが難しい。やはり、新しい分野が発展してきた意義を把握するには、もとを知ることが必要なのである。その分、話が複雑で長くなってしまうが、こうした理由のために、次章は二〇世紀の主流派として紹介してきた市場メカニズムの理論＝新古典派経済学から話を始めることにする。

第1章　市場メカニズムの理論

人間が唯一の交換する動物種であり、交換に基づく複雑な分業の展開が高度な文明構築を可能にしているというアダム・スミスの根本的洞察についてはすでに述べた。したがって、経済学の基礎を交換概念におくことは、ある意味できわめて自然である。

本章では、二〇世紀経済学の主流派である新古典派経済学のエッセンスを概観したい。そのコアには、一言で言えば、人間が自発的に交換することによって、交換しないときよりも、自分の効用（満足度）をあげているはずだという考え方がある。しかし、交換を人々の思いのままに任せておくだけでは、社会的にもっとも望ましい状態が実現するとは限らない。ある種の制度が必要なのだ。この二つの洞察を組み合わせたところに、市場メカニズムで交換する結果、社会的にもっとも望ましい状態が実現するというテーゼが生み出されるのである。

人はなぜ交換するのか

人はどうして交換するのだろうか。ここでは話を極端に単純化するために、すでに貨幣が存在している状況を考えることにしよう（貨幣がどのように発生したのかについては、今日、興味深い論争が進行中である。この点は、歴史について述べる第7章で触れたい）。

今、ある財（たとえばマグカップ）を欲しがっている人がいる。この人は、マグカップに対して、二〇〇〇円という価格を提示されたならば、「高すぎる」と思って、手を出さないとしよう。一方で、五〇〇円という価格を提示されたならば、「得をした」と思って、取引に応じるかもしれない。

このように、いかなる財でも高い価格では取引を敬遠し、低い価格での取引には応じるのが一般的である。だとすれば、取引を敬遠した二〇〇〇円と取引に応じた五〇〇円の間に、取引してもしなくても、どちらでも良いと感じる金額が存在するはずだ。経済学では、次のような推論から、この金額を「評価額」と呼んでいる。

図1－1をご覧いただきたい。ここでは縦方向に価格Pがとられている。取引を行う際には、一定の貨幣額（価格）が自分の手元から去って、それと引き換えに財がやってくる。したがって取引の損得は、財の評価額－貨幣額と計算できる（図1－1の左側の買い手の部分をご覧いただきたい。そこではV－Pと表現されている）。もしこの値がマイナスならば、すなわちPがVよりも大きな値ならば、この人は損をするので取引を敬遠する。反対に、この値がプラスならば、すなわちPがVよりも小さな値ならば、この人は取引を受け入れることになるだろう。今の例でV＝一〇〇〇であるとしよう。このVの値では、出ていく貨幣額と手元

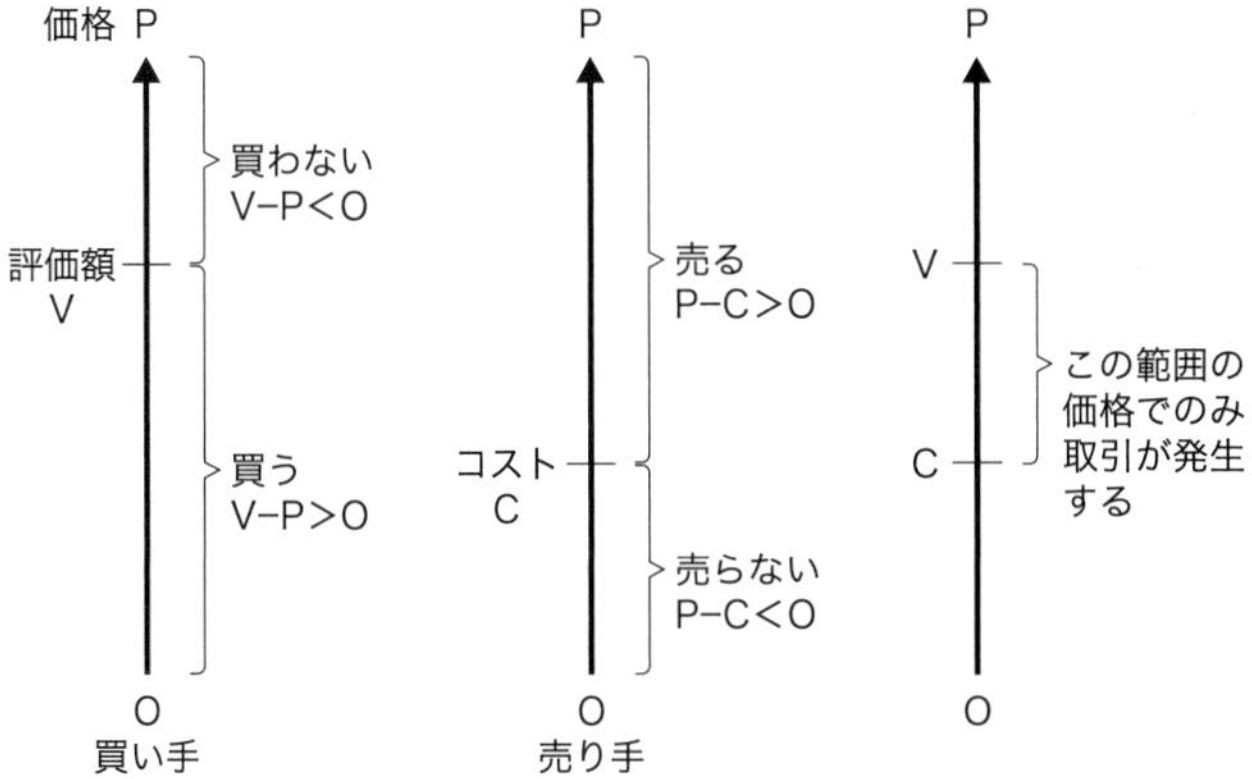

図1-1　人はなぜ交換するのか

にやってくる商品の価値とが釣り合っているはずである。これがVを「評価額」と呼ぶ理由である。

売り手の方も同様に考えることができる。マグカップを所有している人が、かつてそれを二〇〇円で手に入れたと考えてみよう。このとき、売り手はこのマグカップに特別の執着がないならば、二〇〇円よりも高い価格で売ってもよいと考え、また二〇〇円よりも低い価格では売りたくないと考えるだろう。これも売り手の取引での損得を、貨幣額－財の評価額と考えれば、買い手の場合と同様に説明がつく（図1-1の真ん中部分をご覧いただきたい）。この場合には、売り手の財の評価額は、コストと考えた方がわかりやすいので、以下ではコストと呼ぶことにしよう。売り手の取引での損得は、コストをCと表わせば、P－Cと表現できる。

売り手の側も買い手の側も、取引によって得をする金額を「余剰」と呼ぶ。余剰がプラスならば、売り手も買い手も交換に応じようとするはずである。では、それはどのような場合だろうか。評価額がVの買い手と、コストがCの売り手が存在しているとき、価格がPであったとすると、買い手の余剰はV－Pで、売り手の余剰はP－Cになるので、その両方がプラスになる価格が存在するのは、VがCよりも大きいときだとわかる（図1‐1の右側）。

たとえばVが一〇〇〇円、Cが二〇〇〇円であれば、その間にある、どんな価格がついたとしても、買い手と売り手のどちらもが得をするので、両者は自発的に交換するはずである。ここで面白いのは、価格の役割だ。V＞Cであるときに、価格Pで取引が行われたとすると、消費者の余剰と生産者の余剰の合計額は（V－P）＋（P－C）＝V－Cとなって Pが消えてしまう。

消費者の余剰と生産者の余剰の合計を「社会的余剰」と呼ぶ。社会的余剰の式でPが消えてしまうのは、V＞Cのときには、どんな価格であれ、社会的余剰（＝買い手の余剰＋売り手の余剰）がプラスになること、すなわち交換が行われた方がよいことを意味している。しかし、この社会的余剰を取引当事者の間でどのように分けるのかという点では、価格は重要な意味を持っている。すなわち、Pが高ければ高いほど、買い手の余剰は小さくなり、売り手の余剰は大きくなるのである。

このように、V＞Cという条件を満たす売り手と買い手がいる場合には、交換によって社会的余剰を増加させられる。ここでは分業について省略しているが、社会で分業が発展し、交換が各所で行われている状況を想像してみると、これが社会に大きな余剰を生み出していることがわかるはずである。先に、余剰は取引で得をした額であると述べたが、それは人間が取引で「幸せになった」額であるとも言える。経済学では、これを「効用」という用語で表現している。

ちなみに、今までの例では、もともと売り手がある財を持っていたかのように話してきたが、財を生産している場合には、コストという言葉がもっとしっくりしてくる。このようなときには、買い手を「消費者」、売り手を「生産者」と呼びかえたうえで、上の議論が当てはまる。この場合、買い手の余剰は「消費者余剰」、売り手の余剰は「生産者余剰」と呼ばれるのが通常である。

競争市場で取引することの意味

取引が行われるのは、互いが得をするからであって、取引をすればするほど社会は幸せになる。誰にも強制されない自律的な市場交換を、社会の中心に据えることが望ましいという考え方は、基本的にここに由来していよう。しかし、今まで考えてきた買い手一人と売り手一人という単純な例から、人数を増加させると少し事態が変化する。表1‐1をご覧いただきたい。

表1-1　最適でないマッチングの例

マッチング・ペア	余剰合計	ペアの数
評価額10の買い手 → コスト 9 の売り手	1	1
評価額 8 の買い手 → コスト 7 の売り手	1	1
評価額 6 の買い手 → コスト 5 の売り手	1	1
評価額 4 の買い手 → コスト 3 の売り手	1	1
評価額 2 の買い手 → コスト 1 の売り手	1	1
合　計	5	5

ここには買い手として評価額がそれぞれ2、4、6、8、10の人たちが5人、売り手の側にはコストがそれぞれ1、3、5、7、9の人たちが5人存在している。表のように、評価額10の買い手とコスト9の売り手の間で取引が起こり、評価額8の買い手とコスト7の売り手の間で取引が起こり……とマッチングして取引していけば取引の数量は5で最大になり、取引できる人の人数も最大になることがわかる（全員が取引できる）。しかし、実はこのような取引のあり方は「社会的に最適」なものではない。というのは、このような取引の仕方で生み出される社会的余剰の合計は5だが、マッチング次第ではもっと大きな余剰を生み出せるからである。つまり、このマッチングでは社会的余剰が最大化されていないのである。

では、最適なマッチングとはどのようなものだろうか。できる限り余剰を大きくするには、大きな余剰を生み出す取引から順にあげていけばいい。

表1-2をご覧いただきたい。まず、評価額10の買い手とコスト1の売り手がマッチすると、9の余剰が生まれる。次に評価額

表1-2　余剰が最大化されるマッチング

マッチング・ペア	余剰合計	ペアの数
評価額10の買い手 → コスト 1 の売り手	9	1
評価額 8 の買い手 → コスト 3 の売り手	5	1
評価額 6 の買い手 → コスト 5 の売り手	1	1
合　計	15	3

8の買い手がコスト3の売り手とマッチすると5の余剰が生まれ、評価額6の買い手がコスト5の売り手とマッチすると1の余剰が生まれる。これで合計すれば総余剰は15になる。さきほどの余剰の合計は5であった。ただし、これだとさきほどは5つのペアで10人が取引できたのに、3つのペアで6人しか取引ができなくなる点に注意されたい。

すなわち、取引できるペアが手当たり次第に取引するのではなく、誰が取引することができ、誰が取引できないのかをきちんと決めることが社会全体の望ましさを考えると重要になってくるのである。

ただし、ペアの正確な特定化までは必要ないことは、次の式を考察してみれば、容易にわかる。

$$(10-1)+(8-3)+(6-5)=(10+8+6)-(1+3+5)$$

この式が成立するので、たとえば10の評価額の人がコスト5の人とマッチし、8の評価額の人がコスト3の人とマッチし、6の評価額の人が1の人とマッチしたとしても、総余剰は変化しないのである。重要なのはペアを正確に特定化することではなく、どの人たちが買えて、どの人

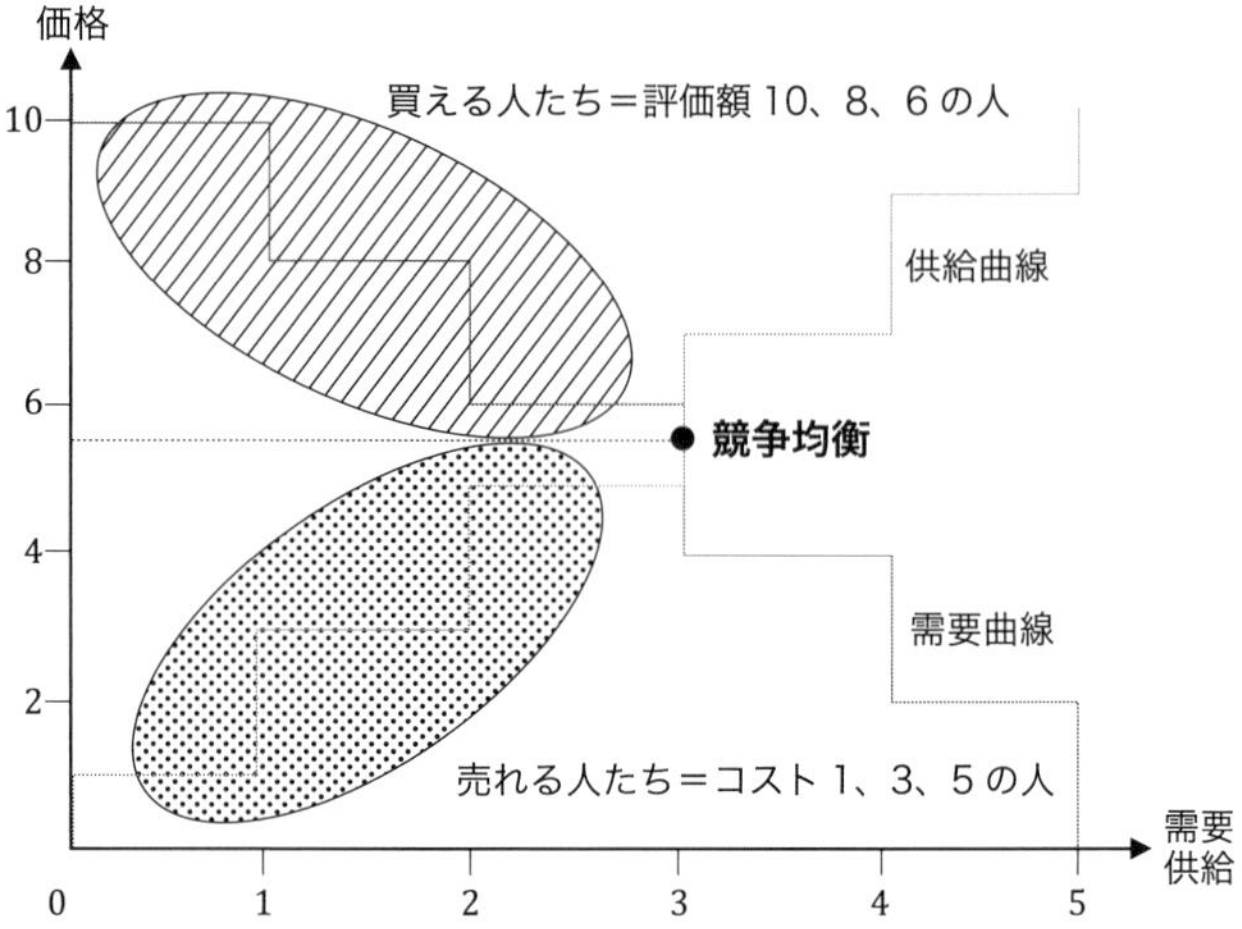

図1-2　競争均衡の理論

たちが売れるのかが重要なのである。

実は、このような意味で、売るべき売り手と買うべき買い手の選択を実現するのが競争市場である。図1-2を見てみよう。

競争市場とは、市場に参加している各人は価格に影響を与えられないので、さまざまな価格が与えられたときにどのような行動を選択するのかというように受動的に行動している市場のことである。この競争市場の仮定のもとで、需要曲線と供給曲線が描ける。まず需要曲線を描くために消費者の行動に注目してみると、価格が10よりも高いときには誰も需要しないが、価格が10まで下がってきたときには評価額10の人が1人いるので1だけ需要のあることがわかる（評価額10の人は価格10で購入してもしなくても同じだが、ここでは購入したいと思うことにしよう)。価格が8まで下がるとまた1人が需要するようになる。価格が6のときには評価額6の人が1人いるので合計で3の需要が発生する。このようにして描いたのが図1-2のなかの需要曲線である。

供給に目を向けると、価格が1のときには一単位の供給、価格が3になると一単位増えて供給は二単位になり……、これが続いて価格が9になると五単位の供給が発生している。

このようにして描かれた需要曲線と供給曲線の交わる部分が競争均衡と呼ばれるものである。この場合には、均衡価格は5と6の間になるはずだと、このモデルから推論される。この財については、この間の価格で需要と供給が釣り合っているからである。

その際に社会的余剰が最大になっていることが確認できる。このケースでは、均衡価格は5と6の間のどの値でもいいのだが、たとえば5・5とすると、価格5・5で財を買えるのは評価額が10、8、6の買い手たちである。供給の側でも、価格が5・5のもとで取引しようと考えるのは、コストが1、3、5の売り手たちであり、さきほどもっとも社会的余剰が大きくなる組み合わせを考えた際に、売ることができた人、買うことができた人と正確に一致している。

競争市場の結果の解釈

ここまで説明してきたのが、もっとも単純化された競争市場のモデルである。この市場では、先に述べたように参加している誰一人として直接的に市場価格に影響を与えられないという仮定があることに再度注意しておきたい。価格に影響を与えられないと考えるのは、市場に多数の人たちが参加している状況を暗黙のうちに考えているからである。これまで説明してきた例では、売り手と買い手の数はエッセンスを示すために、過度に小さなものにしてあるだけだ。売り手と買い手の数が多いために、価格に影響を与えられないような経済主体を、プライス・テイカー（価格受容者）という。そして、プライス・テイカーたちが参加する、このような市場を完全競争市場と呼ぶのである。

完全競争市場のなかでは、消費者も生産者も価格が所与だと想定して行動するため、どれだけ需要や供給があるのかは需要曲線と供給曲線で描ける。そして、需要と供給が一致する点（需要曲線と供給曲線が交わる点）が競争均衡であり、そのときの価格を均衡価格と呼ぶのである。均衡の英単語は「equilibrium」だが、これはラテン語がそのまま英語になったもので、「equi」は等しいことを、「librium」は秤に関係している。ちょうど重さの釣り合った秤をイメージして名づけられた言葉である。

このモデルは次のような点で、二重の意味を帯びている。一方では、このモデルによって、現実に市場で生じることが説明可能だと考えられている。たとえば、アイスクリームを例にとると、気候が変化すれば消費者たちの財に対する評価額が変化するだろうから、需要曲線は別の位置に（より高い位置に）描かれるだろう（たとえば、先の例で評価額10を12に、8を10

に、6を8へと変化させることを想像すればよい)。そのときに均衡価格は高くなることが、このモデルから推論できる。他方で、このモデルは理想的な市場の実現が、社会的に望ましい結果を生み出すことを意味している。「望ましさ」とは、評価尺度を要するものだから、この言明には、現実に何が起こるのかとは別の考慮が入っている。すでに見たように、競争均衡では社会的余剰が最大になるという意味で、社会的にもっとも望ましい状態が実現しているのである。

経済理論のうち、現実の経済の説明にかかわる部分のことを、特に「実証的(positive)」という。また、社会的状態の望ましさにかかわる部分を「規範的(normative)」と呼んで、両者を区別している。今日、経済学の研究でもデータを用いて行われるものを「実証研究」と呼ぶことが多くなっているので、現実の説明にかかわることを表現する「実証的」と紛らわしくなっている。このために、「positive」を「実証的」ではなく「事実解明的」と訳すことがある。しかし、現実のデータを用いて行われる研究は、正確には「経験的研究(empirical research)」と呼ばれるものだ。

より一般的なモデルで考える

以上は、新古典派経済学の理論の核心部分を、考えられうるもっとも単純なモデルで解説したものである。その意義をより一般的なモデルでもう一度振り返ってみたい。

まず、これまでのモデルでは、一人が一単位の財しか買ったり、売ったりしないと想定していた。これはさらに一般的に一人が複数単位の財を買ったり、売ったりする場合へとより複雑化することが可能だ。また、多数の売り手と買い手が存在しているような状況を考えると、横軸にとってある財の数量は非常に大きくなるので、ページ内に描ききるには、一単位の間隔をどんどん狭くしていく必要があることに気づくだろう。中学校や高校の教科書では、需要曲線や供給曲線は上で見た例とは異なり、文字通りの「曲線」として描かれていたことを思い出そう。これは、横軸の縮尺が変化した結果だと考えればいい。

また、これまでのモデルでは一つの財だけを考えていたが、当然、世の中には多数の異なる財が存在している。そこで、一人の買い手が多数の異なる財を同時に購入したり、一人の売り手が多数の異なる財を同時に生産・販売したりする場合も考える必要がある。このときには、消費者は一定の予算制約のもとで効用を最大にするように、さまざまな財を需要すると考えればよい。また売り手の方は、生産に必要な財・サービス（生産要素）を市場で購入し、新たな財を生産し、販売するような活動を行っていると考えることができる。これを生産者ないし企業と呼ぶのである。

このように、世の中に複数の財があると考える複雑化も可能である。この場合の生産者の行動基準は利潤を最大化することである。財やサービスがいくつもある場合には、それらすべての財・サービスの市場で需給が一致する状況を考えることになるが、そのような理論的

表1-3　社会的状態の望ましさ

	個人1	個人2	個人3	合計
状態X	5	2	3	10
状態Y	9	3	5	17
状態Z	8	5	6	19

枠組みを「一般均衡」と呼ぶ。これに対して、本章で見てきたような、一つの財の需給のみを考える分析の枠組みは「部分均衡」と呼ばれる。

ただし、部分均衡と一般均衡では社会的状態の望ましさを測る規範的尺度が異なることに注意が必要である。部分均衡の場合には、規範的尺度はすでに見たように、社会的余剰の大きさであった。これに対して、一般均衡の場合には、「パレート効率性」という概念を用いて、社会的状態の望ましさを表現する。

今、社会のなかに三人の個人（i＝1、2、3）が存在し、三つの社会状態（X、Y、Z）がありうると考えよう。それぞれの状態で各人がどのような効用を得るのかが、表1-3に描かれている。各マスの数字は効用を表わしており、その値が大きいほど大きな満足度を得られるものとする。数字はあくまで例だとしよう。このような場合、XとYとZで、どの社会状態がもっとも望ましいだろうか。

功利主義的な立場では、このような場合に、各人の効用の合計を最大にする状態が望ましいと考える。先に詳しく説明した市場のモデルでは、個々人の余剰を合計して「社会的余剰」を考えていた。これは効用の合計を考えることと同じである。実のところ、これまでの部分均衡分析は、こうしたことができる状況を考えていたのである。

だが、一般均衡分析ではそうは考えない。何よりも、個々人の効用を合計できると考える背後には、個人同士で効用が比較可能だという想定があるが、本当にそのようなことができるとは考えにくいからである。個人の効用は主観的なもので、客観的に測定できるようなものではないということがその理由である。部分均衡分析の場合に、余剰を合計できたのは、実は効用（余剰）を貨幣単位で測定できたからであった。そして、それが可能だったのは、財に対する消費者の評価額や生産者のコストを貨幣単位で表示していたからである。しかし、各人が複数の財を消費する状況を考える一般均衡では、複数の財の組み合わせによって決定されるような効用関数を考えることになる。このときには、ある一つの財に対する評価額は他の財をどれだけ消費しているかに依存してしまうので、部分均衡分析のような簡単化はできなくなる。

そこで登場するのが、経済学者であると同時に社会学者、哲学者でもあったヴィルフレド・パレート（一八四八～一九二三）の革命的なアイディアである。たとえば、XとYを比べてみると、すべての個人について、YのもとではXのもとでの効用よりも高い効用が得られていることがわかる。であれば、Yという社会状態の方がXという社会状態よりも良いと考えられる。このことをYはXを「パレート支配する」という言葉で表現する。ここでは、効用の比較は各個人の内部だけで行われていて、個人1と個人2の効用を比較するという操作を行っていないことが重要である。

では、状態Yと状態Zはどうだろうか。状態Yから状態Zに移行するとき、個人2と個人3は効用を上昇させているが、個人1の効用は低下している。このように、全員の効用が上昇したり、低下したりするのではない場合には、「比較不可能」と考えるのである。ある状態Aと他の状態Bを比較したとき、全員がよくなるならば、Bの方が望ましい。この条件をもう少しゆるめれば、AからBに移行したときに、全員がわるくならずに、誰か一人でもよくなるならば、Bの方がよくなった（「パレート改善した」）といってよいだろう。こうして、もはやパレート改善できないような状態を「パレート効率的」な状態と呼ぶのである。すなわち、パレート効率的な状態とは、その状態から他の状態へと移行したときに、全員を悪くすることなく、誰か一人でも良くすることができない状態を指す。

さて、話を戻すと、前節で見てきたモデルでは、一人が一つの財を一単位しか売買しなかったが、一人の人が複数の財を複数個需要したり供給したりするような複雑化を行ったとしても競争均衡の望ましさに関する命題は基本的に変わらない。部分均衡における余剰最大という基準を、一般均衡におけるパレート効率性という基準で置き換えればよい。

そこで、一般均衡について成立する「厚生経済学の第一基本定理」を述べてみよう。「競争均衡が存在するならば、そこではパレート効率的な資源配分が実現される」。ここで「資源配分」というのは、どのような種類の財を、どのような生産要素を組み合わせて、どれだけ生産し、それを誰にどれだけ分配するのか、ということを意味しており、今まで漠然と社会状態と呼んでいたものを経済活動とその結果という観点から定義し直したものである。

ミクロ経済学で教えられていること

序章でも触れたように、一般均衡理論、そして新古典派経済学の画期的意義は、アダム・スミスが『国富論』で言及した「見えざる手」を厳密に証明したことだと言っても過言ではない。アダム・スミスは、「われわれが食事ができるのは、肉屋や酒屋やパン屋の主人が博愛心を発揮するからではなく、自分の利益を追求するからである」（アダム・スミス『国富論』第1編第2章、山岡訳）と述べ、市場のもとでは各人が個々ばらばらに（分権的に）私益を追求したとしても、われわれの経済生活はきちんと成立し、さらに経済を発展させられると主張したのであった。一九五〇年代にケネス・アロー（一九二一〜二〇一七）とジェラール・ドブルー（一九二一〜二〇〇四）が証明に成功した「厚生経済学の基本定理」は、このことを厳密なモデルのうえで数理的に証明したとみなせるのである。

ここでは今日のミクロ経済学で教えられている全体を詳細になぞることはできないが、大まかな見取り図（図1-3）を説明しておこう。

経済のなかで意思決定を行う主体（＝経済主体）は、消費者と生産者である。消費者も生産者も多数存在して、個別には価格に影響を与えられず、競争市場のなかでプライス・テイ

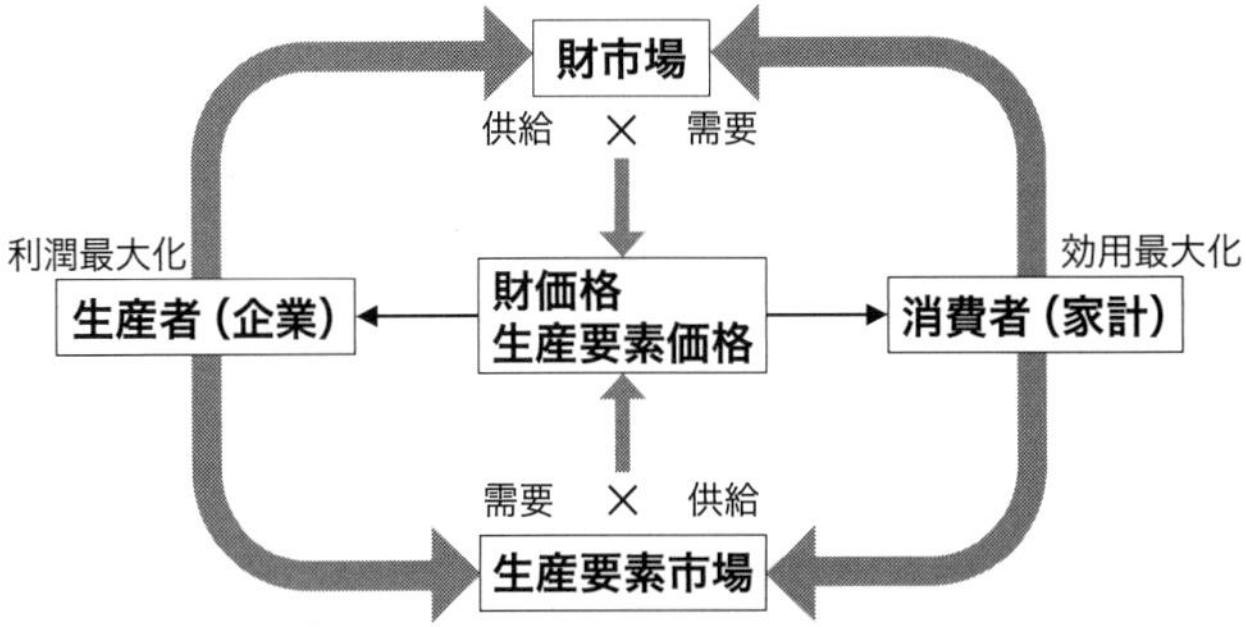

図1-3　市場メカニズムのモデルの図式化

カーとして、価格のさまざまな値に対する需要プランや供給プランを決定する。このようにして導出された各財・サービスの需要と供給が一致する状態が競争均衡であり、そこで一番初めの段階では所与とされていた価格が決定されることになる。これが各財・サービスの均衡価格である。

このプロセスで、消費者がどのように需要プランを立てているかというと、自らの効用を最大化するように、労働サービスのような生産要素を供給し、そこで得た所得を予算制約として、さまざまな財を消費すると考えられている。他方、生産者は利潤を最大化するように、労働サービスなどの生産要素を需要し、財を生産して供給すると考えられている。競争均衡の決定のされ方が循環的になっていることにも注意しておきたい。

すなわち、最初から価格が決まっているのではなく、最初はすべての価格を考えておいて需要プランと供給プランが導出され、需要と供給が等しくなるところで、価格が決定されるという構造になっている。こうしてすべての財・サービスの需給が一致した競争均衡では、パレート効率的という意味で社会的に望ましい経済の状態が実現している。

ここで、市場が競争的だということが非常に重要である。要は、市場に参加する誰ひとりとして市場を支配し、価格に影響を与えるような力を持たないということだ。ミクロ経済学では、ひとまず競争市場の分析を行って、そこで実現される資源配分の最適性を示した後に、競争市場の条件が満たされない状況の分析へと移っていくのが通常である。

たとえば、売り手や買い手に独占的立場のものが市場に存在した際には、その市場で実現される資源配分が最適なものとはならない。独占的売り手は、競争均衡の価格よりも高い独占価格を設定できるし、独占的買い手は、低い価格で買えるからである。このことが、今日、多くの国々で独占を禁止している基本的理由になっているのである。競争の効用はこれだけに留まらないが、経済学者が競争を重視する理由の根源は、ここにあると言ってよいだろう。

また、経済が市場メカニズムを通して望ましい状態へと導かれるということは、政府の経済への関与がほとんど必要ないことを意味している。「ほとんど」というのは、パレート効率的な状態が、それ以上は誰も悪くすることなく、誰かをよくすることができないという「効率性」を表わしていても、「公平性」を表現する基準ではないからである。もともと私的所有が偏っているときには、そこで市場を開いた結果はパレート効率的とはなっても、到底公平とはいえないものになる可能性がある。

しかし、「厚生経済学の基本定理」には第二定理と呼ばれるものが存在している。それによれば、ある一定の条件が経済のなかで満たされることを条件にして、「資源をあらかじめ適切に再分配しておくならば、その後市場を開くことによって、望みのパレート効率的な資源配分が実現できる」。つまり、より公平なパレート効率的経済状態を実現しようとするならば、あらかじめ政府が人々の持っている資源を再分配してから市場を開けばよいことになる。こうして、政府には基本的に再分配の役割だけが割り当てられるのである。以上のことは、経済学者の多くがなぜ「小さな政府」に賛成しがちであるかの理由ともなっている。

新古典派経済学の意義

ここで全体の議論をもう一度振り返ってみよう。本章のテーマは二〇世紀半ばまでにほぼ完成されるに至った市場メカニズムの理論であった。市場がわれわれの経済にとって決定的に重要であるという問題意識は、交換と分業が文明の根底にあるとするアダム・スミスの洞察にあったと言ってよいが、その後の経済学研究は、消費者や生産者の選択という形で人間行動を具体的にモデル化し、同時に市場のモデルを提示することで、分権的市場経済のすばらしさを証明することができたのである。これがようやく二〇世紀の半ばのことである。

しかし、そこで用いられた方法はアダム・スミスとはかなり異なるものであったことにも注意が必要である。アダム・スミスを淵源《えんげん》とする経済学は、「古典派経済学」と呼ぶのが通常である。それは、商品の価値を決定するのは労働であるという考え方に立ち、労働によって生み出された価値が資本家階級、労働者階級、地主階級にどのように分配されているのかという観点から経済を分析するものであった。これに対して、二〇世紀に分権的市場がすばらしい性質を持つことを示した経済学は、「新古典派経済学」と呼ばれている。

アダム・スミスたちの古典派経済学と新古典派経済学とは、一八七〇年代の「限界革命」で断絶しているというのが一般的な認識である。限界革命は、イギリスのウィリアム・スタンリー・ジェヴォンズ、オーストリアのカール・メンガー、スイスのレオン・ワルラス（生まれはフランス）がほぼ同時期に独立して提出したアイディアが後に、そう呼ばれるようになったものである。

そのアイディアは簡単なものだ。消費者が財・サービスの消費に対して効用を持つと仮定したうえで、それをもう一単位消費するかどうかという意思決定を、その追加的消費がもたらす効用の増加分（これを限界効用と呼ぶ）によって説明しようとするのである。

たとえば、ビールをもう一杯飲むかどうかは、それがもたらす限界効用とビール一杯の価格とを比較し、前者が後者を上回っていれば、もう一杯消費するというように考えるのである。大学で経済学を教える際に困るのは、この「限界」という言葉のニュアンスが伝えにくいことである。限界という言葉の原語は「marginal」で、マージンというと周辺部分、一番端の部分を表わす。限界効用は、今までにたとえば二杯のビールを飲んだと考えて、もう一杯飲むかどうかという「端っこ」にかかわる概念なのである。

本章の最初のモデルでは、消費者も生産者も、ある財を一単位しか消費したり、生産したりしない状況を仮定していた。しかし実はそのときも、ここでいう限界効用がかかわっている。たとえば消費者に関して説明しよう。消費者については、最初から一単位の消費しか考えなかったために、その財に対する「評価額」と呼んでいたものが、最初の一単位の消費に関する限界効用なのである。そして、評価額＝限界効用と価格を比較して、財を需要するかどうかを決定していたのだった。生産者の場合も同様である。

また、この行動基準が自分の効用を最大化するという意味で「合理的」なものであることにも注意しておきたい。ここでも消費者を例にとると、追加的一単位に対する限界効用が価格を上回る限り、追加的一単位を消費した方が余剰が大きくなる。そして、限界効用は消費量とともに減少していくと考えられるので、ついには限界効用と価格が等しくなる量まで消費することになる。この行動基準は、消費によって得られる自分の余剰＝効用を最大化していることと同じなのである。

このアイディアは一見したところ、小さなもののように思われるかもしれないが、商品の価値が労働量のようなもので決まると考えていた古典派経済学に対して、価値を消費者の効用概念に基礎づけたこと、さらにそこで想定されている消費者行動が効用を最大化するという数学的問題に置き換えて分析できることから、その後の経済学が数理的精緻化を遂げていくうえで大きな影響力を持った。

新古典派経済学は、こうした理論的背景のもとに、分権的な市場メカニズムの分析を行ったのである。最後に、まとめとして新古典派経済学のモデルを用いた議論の枠組みの主な特徴を列挙する。

(1)経済主体が合理的であると仮定されていること

モデルのなかで、消費者は効用を最大化する合理的主体として、生産者は利潤を最大化する主体として扱われている。このような合理的経済主体は、ホモ・エコノミクスと呼ばれている。この合理性については、次章でさらに詳細に述べる。また、人間が本当にこのような行動をしているかどうか自体を分析の俎上《そじょう》に載せて、この仮定を外したところに、行動経済学が展開されることも後の章で述べる。

(2)方法論的個人主義

モデルにおいては、個々の主体の行動選択から、経済全体の説明を行うような方向での議論がなされている。厳密に言うと、方法論的個人主義という言葉にはいろいろな意味があるのだが、ここでは、個から全体へという説明戦略を方法論的個人主義と呼んでおく。

(3)均衡分析

需給が均衡した状態が分析の主要な焦点となり、その状態と現実とを見比べることで、現実についての説明や予測を行うという戦略が取られている。

最後に、これらの仮定を非現実的と断定し、したがって新古典派経済学は「間違っている」などと短絡的に考えないように注意しておきたい。今日でも、新古典派経済学が経済主体の合理性を仮定していることは、主体の行動については固定したうえで、それらの主体の行動が複雑で相互に作用しあう市場メカニズムの作用に焦点を絞る戦略であったと解釈ができる。したがって、その仮定には利点もあれば限界もある。この点については、再び取り上げることにしよう。

第2章　ゲーム理論のインパクト

意思決定の構造

市場メカニズムに焦点を当てた第1章では、市場取引の文脈で、それぞれの経済主体が需要や供給という形の意思決定をどのように行うのかについて述べた。そして、まとめの部分で新古典派経済学を特徴づける際に、経済主体が合理的であると仮定されている点にも言及しておいた。その点をもう少し掘り下げることから本章をはじめよう。

意思決定の一般的構造を理解するには、ある価格で財・サービスを需要するか（消費者）、あるいは供給するか（生産者）という状況を想定して議論するよりも、不確実性のある状況での意思決定を想定した方がわかりやすい。経済的意思決定の状況は、より一般的な意思決定の状況の特殊ケースにすぎないからである。

行為の結果が不確実な状況で、人々はどのような選択を行うのか。経済学では、このような意思決定の状況を「クジ」の選択という問題に置き換えて議論することが一般的である。ここでは、さまざまな「結果」が確率的に実現するものをクジと呼んでいる。クジの結果は典型的には、受け取る金銭額で表示され「賞金額」と呼ばれる。クジは、図2-1のように、クジの木を用いて表示される。この木のそれぞれの枝には確率が付されており、木の先端部分には賞金額が記されている。したがって、左のクジは確率二分の一で一〇〇万円、二分の一で〇円というクジを意味しており、右のクジは（クジというのには違和感を覚えると思うが）、確実に（確率1で）五〇万円を獲得することを意味している。ここで、どちらのクジも賞金額の期待値では等しいことに注意しておこう。

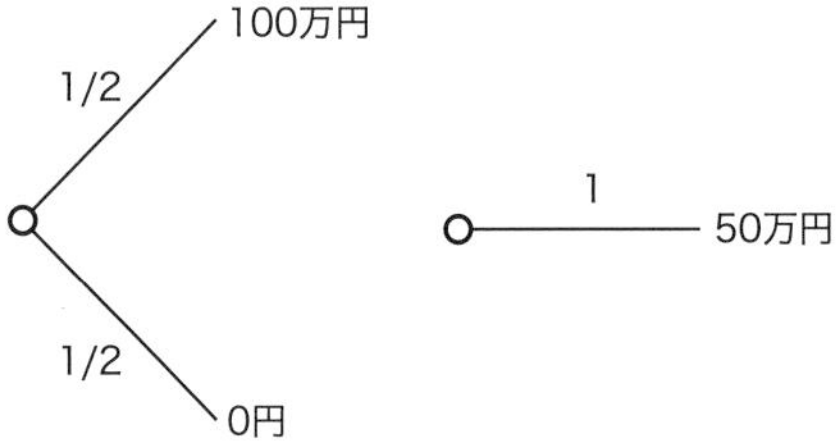

図2-1　クジの木

なぜ不確実性下の行為の選択が、クジの選択の問題になるのかというと、選択の候補になっている行為がそれに対応して、異なるクジを生じさせると考えているからだ。このとき、どのような行為を選択するのかは、さまざまなクジから、どれを選択するのかという問題に帰着する。もちろん、どのクジを選択するのかは人によって違うだろう。これは好みの問題である。つまり、人々はさまざまなクジの集合に対して、各人独自の選好関係を持っている。

しかし、クジの好みに対して、たとえば「クジAをクジBよりも好み、クジBをクジCよりも好むときには、クジAをクジCより好む」といった程度の整合性の基準を満たしている

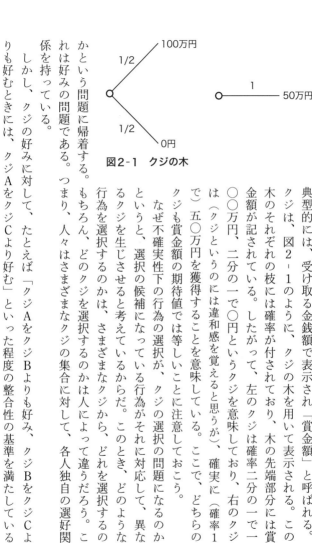

$$u(50) > \frac{1}{2}u(0) + \frac{1}{2}u(100)$$

と仮定すれば（実際には、さらに多くの追加的仮定が必要である）、人々がどのようにクジを選択しているかに関する一般的な理論を導ける。これが、ジョン・フォン・ノイマン（一九〇三〜五七）とオスカー・モルゲンシュテルン（一九〇二〜七七）によって証明された「期待効用理論」である。

期待効用理論は、合理的な経済主体であれば、クジが生み出す結果のそれぞれに対し、数値で表現される効用を持ち、それぞれの結果に対応した確率を用いて、その効用の期待値（＝期待効用）を計算し、その大小によってクジ＝行為のランクづけを行っていることを述べている。もともとはクジそのものに対する選好を持っていたのが、クジの結果に対する選好（効用）を持つようになっていることに注意されたい。結果に対する効用をフォン・ノイマン＝モルゲンシュテルン効用と呼ぶ。たとえば、図2‐1の場合には、賞金額に対する効用関数を$u(\cdot)$とするならば、上の不等式が成立しているときに、右側のクジを選択すると考えられる。このように、クジの賞金額の期待値が同じときに、リスクのないクジを選ぶ主体は「リスク回避的」、どちらも同じように好む主体は「リスク中立的」、反対にリスクのあるクジを好む主体は「リスク愛好的」と呼ばれる。リスクに対する態度のこうした相違は、フォン・ノイマン＝モルゲンシュテルン効用関数の形状によって説明されるのだが、ここでは深入りしない。この概念は、第6章でインセンティブ契約を説明するときに再度登場する。

期待効用理論の中身を見ると、合理的な主体は二つの基本的な心的状態を用いて意思決定していることがわかる。一つは、結果に対する「選好」であり、もう一つはそれぞれの結果がどのような確率でもたらされるのかに関する「信念」である。これらの言葉は若干わかりにくいと思うので、もう少し解説しておこう。

英語で「prefer」という「より好む」を意味する動詞の名詞形が選好（preference）であり、選好とは好みのことだ。すでに触れた「効用」と選好は密接な関係を持っている。より好まれるもの（より選好されるもの）には、高い効用が結びついていると考えられるからである。このようにして、より選好されるものには、高い効用の数値が対応づけられる。また「信念」（belief）とはどのような結果がどのような確率で生じるのかに関する予想のことである。動詞 believe（信じる）の名詞形である。日本語で信念というと、一般にはこれとまったく異なる使い方をされがちなので、注意が必要である。

こうして合理的主体は、選好と信念という二つの心的状態を組み合わせて、期待効用を最大化することによって行為を選択していると考えるのである。このようなタイプの合理性を「道具的合理性」と呼ぶ。なぜ「道具的」なのかというと、結果に対する好み（目的）は固定しているので、合理性の入り込む余地は、手段の選択ということに限定されるからである。そこでは合理性は、結果を得るための道具としてのみ機能している。「ホモ・エコノミクス」の内実は、道具的合理性にあると言っても過言ではない。

序章で、ミクロ経済学とマクロ経済学の違いについて、「まず各経済主体の行動を分析しておき、それをもとにして経済全体の動きを説明しようとする」のがミクロ経済学で、「経済システムが示すさまざまな集計量について、直接それらの間の関係をモデル化しようとする」のがマクロ経済学だと定義しておいた。意思決定理論は、各経済主体がどのように行動するのかを分析するのだから、ミクロ経済学の基礎をなしていると言っても過言ではない。

現代の経済学では、こうした枠組みと異なる仕方で、行為を選択する経済主体のモデル化も頻繁に行われている。しかし今日でも、経済モデルを構築する際に、期待効用定理にのっとって意思決定する主体を想定することは、もっとも自然な想定だとみなされている。つまり、それはミクロ経済学の基礎を形成し続けているもっとも重要なモデルなのである。

今日では、経済主体の意思決定を実験で検証することが広く認められるようになっており、実際に実験をしてみると、人々が期待効用に従って意思決定しているとは言えないことを示す証拠も多く提出されている。しかし、いくら実験結果が支持しないと言っても、基礎を簡単に放棄はできないし、何を説明したいのかによっては、合理的主体を想定することは十分に正当化できる。そのより深い理由については、後の章で論じることにしたい。

表2-1　ジャンケンの利得表

		プレーヤー2		
		グー	チョキ	パー
プレーヤー1	グー	0，0	1，-1	-1，1
	チョキ	-1，1	0，0	1，-1
	パー	1，-1	-1，1	0，0

ゲーム理論とは何か

これまで述べてきたような、一人の意思決定者の意思決定を研究するのが「意思決定理論」と呼ばれる分野であるのに対して、複数の意思決定主体が絡んだ意思決定の状況で何が選択されるのかを研究するのがゲーム理論である。では、ゲーム理論と（一人の主体の）意思決定理論とは何が本質的に異なるのだろうか。まず、このことから解説したい。

表2-1は、二人でジャンケンをするときの状況を示したものである。ゲーム理論では、意思決定を行う人たちをプレーヤーと呼ぶのが通常なので、以下はそのように呼ぶ。ここでは、二人のプレーヤー（プレーヤー1とプレーヤー2）が存在している。各プレーヤーはグー、チョキ、パーの中から一つを選択する。個々の選択を「戦略」と呼ぶ。ジャンケンの面白いところは、たとえばプレーヤー1がチョキを出したときに、その結果がプレーヤー2の選択に依存している点にある。表では、プレーヤー1がグーでプレーヤー2がチョキの場合には、プレーヤー2が負け、プレーヤー1が勝ちになるので、勝ちに対応して1という効用を、負けに対応して-1という効用が得られると考え、対応するマスに（1、-1）という数字のペアが記入されている。左がプレーヤー1の効用、右

がプレーヤー2の効用である。引き分けの場合には、どちらもゼロである。これらの効用の値は、ゲーム理論では「利得」と呼ばれている。

このように、ゲームは、プレーヤーたち、各プレーヤーが選択できる戦略（これはプレーヤーごとに異なってもいいことに注意）、戦略の組み合わせのそれぞれに対する各プレーヤーの利得の三点セットとして定義できる。二人のプレーヤーのゲームで、それぞれが有限個の戦略を持っている場合には、ゲームは表2－1のように表わせる。これを利得表と呼ぶ。

ジャンケンでは、複数のプレーヤーたちの選択は、組み合わさって、それぞれのプレーヤーの結果となって表われる。その結果、常にグーを選択すればよいわけではなく、相手がどのような選択を行うのかによって、こちらがどの手を選択すればよいのかが異なってくる。このような状況がゲーム理論に特有なものであり、これを「ゲーム的状況」と呼ぶ。再度ゲーム理論を定義し直すならば、ゲーム的状況でどのような選択がなされるのかについて、さまざまな提案をする研究分野であると言ってよいだろう。

ここで、ゲーム的状況と一人の意思決定問題の状況の本質的な違いを確認しておこう。一人の主体が直面する問題では、主体は自分のコントロールできない外部の事情に対して、確率分布で表現される信念を形成するとされていた。これに対して、複数のプレーヤーの選択が組み合わされて、各プレーヤーの利得が決まるゲーム的状況では、各プレーヤーは相手プレーヤーがどのような選択をするのかに対して信念を抱かなければならない。ところが相手プレーヤーもまた、自分と同じ状況に置かれて意思決定を行おうとしているので、自分が信念を形成しなければならない相手のプレーの仕方は、外部で決定されるのではなく、ゲームの内部で決定されなければならないのである。

言い換えれば、相手のプレーの仕方が固定的に決まっていれば、一人の意思決定問題と同じように選択ができるはずだが、相手のプレーの仕方もまた、自分のプレーの仕方と同様に、ゲーム理論の内部で決定しなければならないという厄介な問題が生じるということである。

このように考えると、ゲーム的状況でどういう結果が生じるのかを予測することは、きわめて困難と思われるかもしれない。だが、簡単な教室実験によって、ゲーム的状況でも人々の行動に一定の規則性が生じることを示せるので、それについて述べておこう。このゲームのプレーヤー（実験の被験者）は、教室にいる学生全員である。各プレーヤーは互いに相談することなく、一週間の曜日（日曜日〜土曜日）から一つを選択し、それを紙に書いて実験者に提出する。各人の利得は、自分と同じ曜日を書いた人の人数（自分を除く）に等しいものとしよう。読者は、このゲームをプレーする際、どのような選択をするだろうか。

まず、この選択状況がゲーム的状況だと確認して欲しい。より高い利得を獲得しようと思うならば、他の人々がどの曜日を記入するかを予測しなければならない。なぜならば、他の人々の選択によって、自分が選んだ曜日で得られる利得が異なってくるからである。他の人々の多くが月曜日と記入していると予想するならば、自分も月曜日と書けば高い利得が得られるが、自分だけ火曜日と書けば利得はゼロとなってしまう。筆者の経験によれば、この実験を行うと、たいていは実験を行っているその日の曜日を答える人が多い。その結果を開示してから、二回目をやると、ほぼ全員の選択がそこに収束していくことになる。つまり、人々はゲーム的状況のなかでも一定の行動の規則性を生み出していることがわかるのだ。

ナッシュ均衡の定義

ゲーム的状況での予測を理論的に行うことは困難に思えるのだが、ゲーム的状況のなかでも人々は一定の行動の規則性を示す傾向を持つ。これをどのように説明したらよいのか。

この難しい問題を天才的なアイディアで解決したのが、序章でも登場している、一九九四年にノーベル賞を受賞したジョン・ナッシュの提案したナッシュ均衡と呼ばれる概念である。ナッシュ均衡の定義を直観的につかむには、まず二人ゲームのケースで述べておいた方がよいだろう。

プレーヤーが二人のケースでは、ナッシュ均衡は「両方のプレーヤーとも、相手の選択に対して最適な選択をしている状態」と定義される。ナッシュ均衡は、それぞれのプレーヤーがどのような戦略を選択するのかを示すものであり、したがって戦略の組み合わせである。

表2-2は、恋人である二人が夕方六時に渋谷で待ち合わせする状況を簡単なゲームで表わしたもので、コーディネーション・ゲームと呼ばれるものの一例である。二人がこれまで

渋谷でデートするときには、ハチ公前かモヤイ像前のどちらかであったが、今回は場所の指定を忘れてしまった。しかも、どちらかが携帯電話を家に忘れてきてしまったので、連絡をとれない。両方が同じ場所に向かえば出会えるから、プラスの利得が得られるが、すれ違いの場合にはゼロ点である。その後の行動を考えると、ハチ公前で出会った方がベターな状況であると考えよう。

表2-2 ゲームの1例

		プレーヤー2	
		ハチ公	モヤイ像
プレーヤー1	ハチ公	2，2	0，0
	モヤイ像	0，0	1，1

このゲームのナッシュ均衡は、（プレーヤー1：ハチ公、プレーヤー2：ハチ公）という戦略の組み合わせと、（プレーヤー1：モヤイ像、プレーヤー2：モヤイ像）という戦略の組み合わせの二つである。どちらでも、上述したナッシュ均衡の定義で述べられている条件が成立していることを確認して欲しい。「両方のプレーヤーとも、相手の選択に対して最適な選択をしている状態」は、「両方のプレーヤーとも、相手の選択を所与としたときに、自分だけが今とは違う戦略を選択しても得にならない」と言い換えられる。このような性質を自己実効性（self-enforcing property）と呼ぶ。

二人のケースから一般のケースへと拡張すると、ナッシュ均衡の定義は、「他のプレーヤー（たち）の戦略に対して最適な戦略を選択しているということが、すべてのプレーヤーについて成立しているような戦略の組み合わせ」となる。

プレーヤーたちがどのようにしてナッシュ均衡のなかで自分に割り振られている戦略をとるようになるのかについて、この定義が一切語っていないことに注意して欲しい。ある一定の性質を満たす戦略の組み合わせを指差しているだけである。ナッシュは、このような均衡がプレーされると考えたわけである。実際、先に思考実験したゲームで全員が同じ曜日を選択しているとき、これはナッシュ均衡の状態である。誰一人として、自分だけがそこで違う曜日を提出しても得にならないからである。

ナッシュ均衡がどうして成立するのか、それをどのように解釈すべきかに関しては、ゲーム理論家の間でも意見が分かれるところであるが、それについてはここでは述べない。ただ、ナッシュ均衡はかなり使い勝手がよく、それを根本的に代替する説得力を持った概念は今のところ存在しないと言ってよい。ゲームが複雑になったときに、ナッシュ均衡と異なる概念が用いられることがあるが、それもまたほとんどの場合、ナッシュ均衡の考え方をもとにしたもので、ナッシュ均衡を「精緻化」したものとみなされている。

ナッシュ均衡の経済学的意義

再び、一人の意思決定の状況とゲーム的状況の違いについて考えてみよう。一人の意思決定の場合には、信念と選好を組み合わせて、最適な行動を選択しているのだった。ところがゲーム的状況では、信念そのものが相手のプレーの仕方に依存するので、一人の意思決定問題と同じように考えられないという難問が立ちはだかっていた。

ナッシュ均衡は、この難問をクリアしている。なぜならば、ナッシュ均衡が成立している状況では、相手の行動がナッシュ均衡通りだという信念を持てば、その信念と自分の選好をもとにして、自分は最適な行動を取っている（ということがすべてのプレーヤーに対して成立している）からである。したがって、ナッシュ均衡はゲーム的状況で何が起こるのかという問題を、経済主体の道具的合理性を維持しながら解決しているのである。

その際に注意すべきは、行動と信念とが分かちがたく結合している点だ。表2-2のゲームで（プレーヤー1：ハチ公、プレーヤー2：ハチ公）という均衡が成立している場合、お互いに相手がハチ公前に行くという信念を抱き、その通りに行動する。信念は、それに対する最適な行動の実現によって、その正しさが証明されるという循環構造がここには存在している。これは、一種の「予言の自己成就」（self-fulfilling prophesy）が成立している状態だと考えてよい。ナッシュ均衡は、外部の観察者が、人々の行動を予測する際に、人々の信念のあり方が決定的に重要であることを教えてくれている。これは、経済学の歴史のなかで画期的なことの一つに数えてよいだろう。

ナッシュ均衡が二つ以上存在しうることも非常に重要なポイントである。表2-2のコーディネーション・ゲームには、（プレーヤー1：ハチ公、プレーヤー2：ハチ公）と（プレーヤー1：モヤイ像、プレーヤー2：モヤイ像）という二つの均衡が存在している。それぞ

表2-3　交通ゲーム

		プレーヤー2	
		左側通行	右側通行
プレーヤー1	左側通行	1，1	0，0
	右側通行	0，0	1，1

れが信念と行動の特定の結びつき方を示している。

　ここで、表2-2のゲームのハチ公を左側通行に、モヤイ像を右側通行に変えて、さらにお互いにハチ公前に行ったときの利得を（1、1）に変化させたのが、表2-3のゲームである。たとえば交通法規のない状態で、狭い道路上ですれ違う二台の自動車が直面する状況があるとしよう。ここでのナッシュ均衡は、（プレーヤー1：左側通行、プレーヤー2：左側通行）と（プレーヤー1：右側通行、プレーヤー2：右側通行）の二つである。実際、世界に左側通行の国と右側通行の国が存在しているのは、このゲームと何らかの関連性があるだろう。ゲーム理論と制度との関係は、後にもう少し詳しく述べるが、このように、ゲームに複数均衡があることで、異なる社会で異なる制度が生じうることの説明ができるようになるのである。

　最後にもう一つ、ゲーム理論が経済学に与えたインパクトの大きさを伝えるものとして、囚人のジレンマについて説明しておこう。

　このゲームが囚人のジレンマと呼ばれるのは、銀行強盗をした二人を別の軽微な犯罪で捕えたものの、銀行強盗に関する決定的な証拠が得られない状況で、検事が司法取引を申し出たときに生じるゲームをモデル化しているからである。しかし、そのたとえでは、今日このゲームが、人間の協力行動について重要なモデルを提供していることが見過ごされてしまう。そこで、ここでは協力（C：Cooperate）か裏切り（D：Defect）かという戦略のラベルを用いて、表2-4のように、囚人のジレンマを提示したい。

このゲームは、両者とも互いに協力すれば、どちらも裏切ったときよりも高い得点を獲得できるが、相手が協力の手を差し延べているときに、自分が裏切ると、互いに協力したときよりも高い利得を獲得できるようになっている。また、反対に、自分が協力しているときに相手に裏切られると、互いに裏切ったときよりも利得が下がってしまう。このゲームのナッシュ均衡は一つで、（プレーヤー1：D、プレーヤー2：D）である。

表2-4　囚人のジレンマ

		プレーヤー2	
		協力（C）	裏切り（D）
プレーヤー1	協力（C）	1，1	-1，2
	裏切り（D）	2，-1	0，0

たとえば、インターネット上で商取引を行おうとしている買い手がプレーヤー1、売り手がプレーヤー2であると考えてみよう。買い手は「支払いをする」（Cに対応）と「支払いしない」（Dに対応）という選択肢を持っているとし、売り手は商品を「配送する」（Cに対応）と「配送しない」（Dに対応）という選択肢を持っているとする。このようなときに買い手と売り手が直面する状況は表2-4のように表わされる。売り手が商品を配送し、買い手が支払えば、交換が成立し、両方ともそうしなかったときよりも多くの利益を獲得する。売り手が商品を配送し、買い手が支払わなければ、買い手は得をするが、売り手は損をする

し、反対に、買い手は支払いをしているのに、売り手が商品を配送しなければ、売り手が得をして、買い手は損をする。

このように、われわれの身の回りに発生する「協力問題」の状況を、きわめて一般的・抽象的に表現しているのが、囚人のジレンマというゲームなのである。気候変動問題で各国が二酸化炭素の削減に動くかどうか、みんながその利益を享受できる公共財の供給のために各人が寄付を出すかどうか等々の問題も、このゲームの多人数版として表現できる。

さて、ここでナッシュ均衡が（プレーヤー1：D、プレーヤー2：D）という結果を予測していることは、どのような意味を持つだろうか。伝統的に経済学では、第1章で見た市場メカニズムの分析を通して、各人が自己利益のみを考えて合理的に行動すれば、社会的に望ましい結果が得られるという、アダム・スミスの「見えざる手」を信じる傾向が強かったと言える。

しかし、囚人のジレンマが教えるのは、それと正反対のことである。ここでは、各人が合理的・利己的に行動するとき、社会的には望ましくないことが生じるのである。当たり前に思えるかもしれないが、囚人のジレンマによって、そこで生じているメカニズムが正確に定式化されたことは、非常に大きなインパクトとなった。

別の例を出せば、一九世紀までの社会科学ならば、比較的単純に企業のような組織は、それ自身にとって最適な選択を行うと素朴に考えていたかもしれない。しかし、二〇世紀にゲーム理論を知ったわれわれは、組織の構成員同士がゲームをプレーした結果は、組織全体にとって必ずしもよくないことになるかもしれないと容易に想像できるようになったのだ。

逐次手番のゲーム

実は、ゲーム理論の表現力は、これまで述べてきたことを遥かに超えるものである。ゲーム理論が経済学全体に与えたインパクトは、本書全体を貫く重要な導きの糸の一つとも言えるので、後の諸章でさらに解説を行うつもりである。しかし、どうしてもここで述べておくべきは、ゲームにはこれまで述べてきたのとは別の仕方の表現もあるということである。

これまで述べてきたゲームは、ジャンケンのように、プレーヤーが同時に戦略を選択するというものであった。しかし、ゲームの木を用いると、プレーに順番があるような状況も記述できる。プレーヤーたちが同時に戦略を選択するゲームのことを「同時手番のゲーム」と呼ぶのに対して、プレーに順番があるようなゲームのことを「逐次手番のゲーム」という。

たとえば、図2‐2を見ていただきたい。ここでは最初にプレーヤー1が左か右かを選択し、それぞれの選択を見たうえで、プレーヤー2が左か右かを選択している。末端に書かれている利得は、左側の数字がプレーヤー1のもの、右側の数字がプレーヤー2のものである。このようなゲームの均衡は、図の下の方から解いていくことで求めればよいことが知られている。プレーの後方から順番に解いていくので、「後方帰納法」と呼ばれる解き方である。

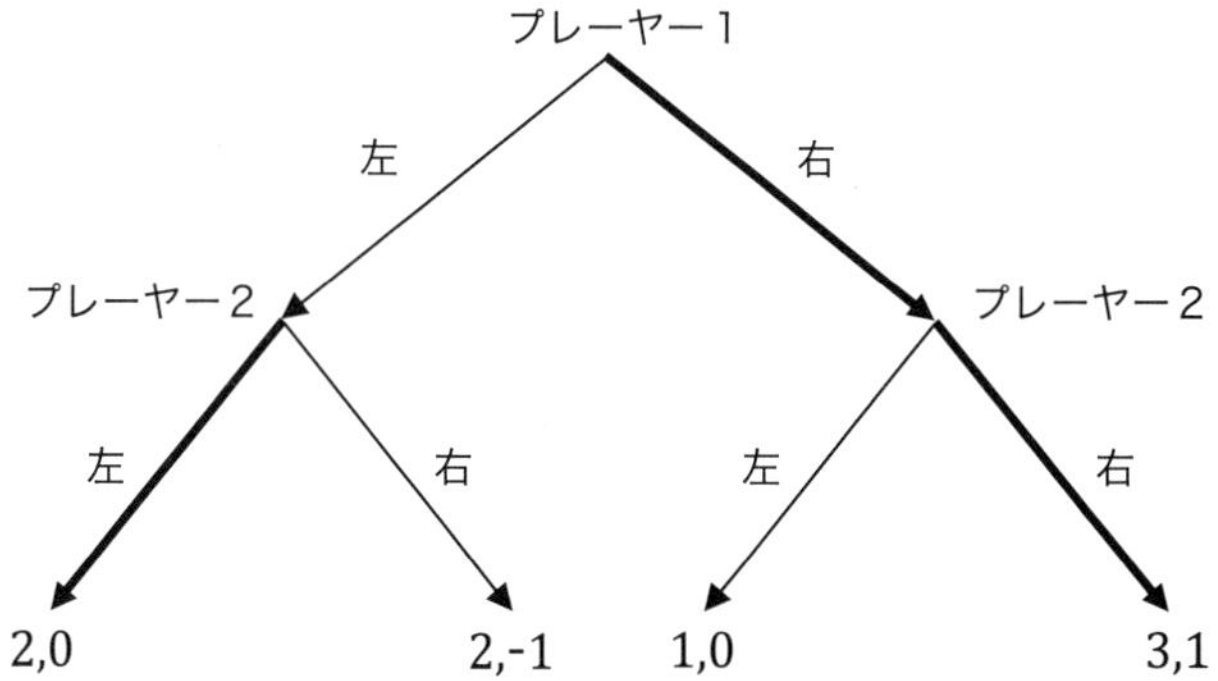

図2-2　ゲームの木

具体的には、プレーヤー1が左を選択した後のプレーヤー2の状況では、左を選択した方が右を選択するよりも利得が高いので左を選択するだろう。同様に、プレーヤー1が右を選択した後のプレーヤー2は右を選択するだろう。プレーヤー1はプレーヤー2が合理的であることを知っていると仮定すれば、このとき、プレーヤー1は右を選択した方がいいと考えるだろう（図2-2で選択が予測される行動は太い線で示されている。図2-3も同様である）。こうして、このゲームで何が起きるのかが予測できたことになる。なお、この解き方で得られた均衡は、必ずナッシュ均衡の一部を構成していることで知られているが、ここでは深入りしないでおこう。

ゲームの木はずっと複雑にはなるものの、チェスや将棋も基本的にこのような木（しかも有限の深さを持つ）で記述が可能だとわかっているので、同様の仕方で最適な戦略を求められるはずである。ただし、組み合わせの数が膨大なため、実際には多数のコンピュータを動員しても、すべての状況で何を選択すべきなのかは正確にはわからない。数学的には均衡の存在がわかっていたとしても、それが具体的にどのようなものなのかがわからないのである。

ここで、次のようなゲームを考えよう。図2-3(左)をご覧いただきたい。まずテロリストが「人質をとる」か「人質を取らない」かを選択し、人質をとった場合に、政府が「交渉に応じる」か「交渉に応じない」かを選択する。人質をとることを考えているテロリストは、すでに囚われている仲間の釈放を要求しているのである。テロリストが人質をとることを考えない状況が、政府にとってもっともよい状況なので、このときにテロリストの利得はゼロ、政府の利得は10だとしよう。また、人質をとられたときに政府が交渉しなければ、テロリストを攻撃するプロセスで人質も含めて死んでしまい、政府は世論の非難を浴びるかもしれない。このときのテロリストの利得と政府の利得を-3としている。交渉に応じた場合には、テロリストは大成功で10の利得、政府は0の利得となると仮定している。

このゲームを上で説明した仕方でそのまま解くと、人質をとられた政府は交渉に応じることが最適となり、それを見越したテロリストは人質をとる方を選択するだろう。しかし、政府が何らかの仕方で「交渉に応じる」という選択肢をなくしてしまったら何が起こるだろうか。図2-3(右)の状態である。このとき、テロリストは人質をとっても、その作戦が成功しないとわかっているので、最初から人質をとらないだろう。

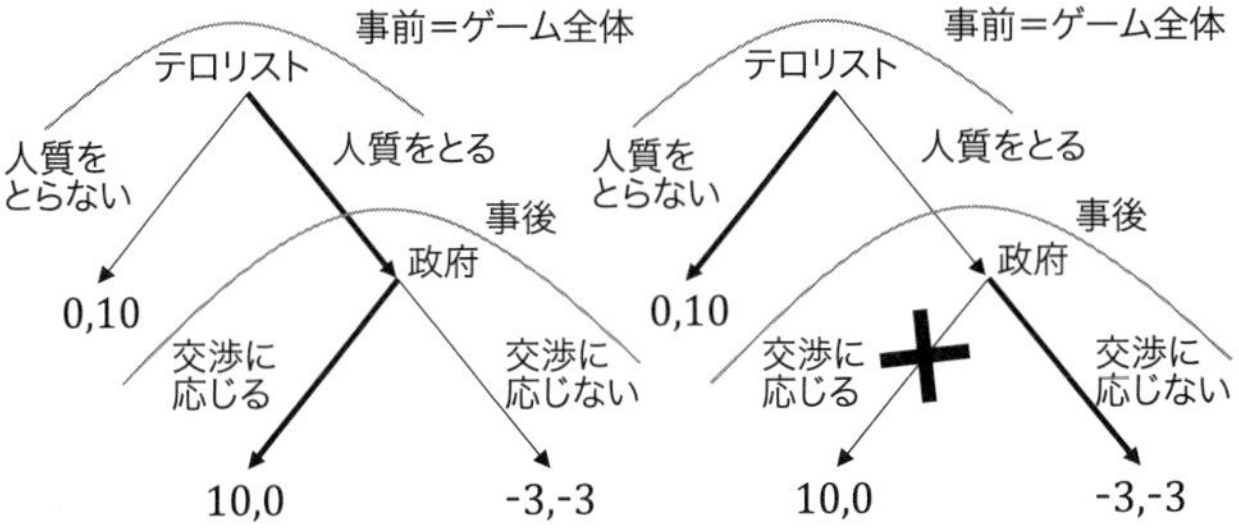

図2-3　コミットメントの事例

この分析は何を意味しているのだろうか。まず、一人の意思決定問題のケースと比べてみよう。一人の意思決定問題では自分が持っている選択肢を削ることで得をすることは決してない。しかし、今考察した状況では、自らの選択肢をわざわざ削ることで得をすることに成功しているのである。このようなメカニズムのことを「コミットメント」と呼ぶ。ゲーム理論で初めて明快に説明できるようになった現象である。

このような現象は世の中に多数存在している。いちいち図にはしないが、たとえば、最初に選択するプレーヤー1をA軍、次に選択するプレーヤー2をB軍、A軍の左側の選択肢を「攻撃しない」に、右側の選択肢を「攻撃する」に、B軍の左側の選択肢を「退却する」に、右側の選択肢を「徹底抗戦する」として考え、利得は以前と同じようにしたゲームを考えることができる。この場合、B軍は「退却する」という選択肢をなくすことで、得をすることができる。「背水の陣」のロジックである。

また、プレーヤー1を競合店、プレーヤー2を自分の店舗とし、プレーヤー1の左側の選択肢を「値下げしない」、右側の選択肢を「値下げする」にし、プレーヤー2の左側の選択肢を「対抗値下げしない」に、右側の選択肢を「対抗値下げする」にし、利得はそのままにしたゲームも考えられる。このままでは自分の店舗が「対抗値下げしない」を選んだ方が得なので、競合店は値下げすることになってしまうが、自分の店舗は「対抗値下げする」にコミットできるならば、競合店は最初から値下げしないだろう。「自店より安い店があれば、その価格まで値引きします」と宣言している店は、このメカニズムで他店の値下げを抑止しているのかもしれない。

テロリストの例に戻って考えてみよう。テロリストが人質をとった場合のことを「事後的」状況と呼ぶと、政府にとっては事後的には交渉に応じた方がいい。これに対して、ゲームの最初から全体を見通した状況のことを「事前」と呼ぶと、事前的には政府は交渉に応じない方がよい。このように、この分析は、事前の観点から見て最適な行動と事後の観点から見て最適な行動とが乖離《かいり》していること（これは、マクロ経済学で、「時間的不整合性」の問題として分析されるものである）を明快にわからせてくれる。

また、現実の世界でも、このような状況を考慮にいれて、さまざまな制度を設けることで、コミットメントを可能にする仕組みが存在していることが理解できる。たとえば、各国政府は互いにテロリストとは交渉しないという合意をしてコミットメントを強化しており、テロリストの行動を抑制しているのである。以上のことは、ゲーム理論と制度分析との深い関連性を示している。ゲーム的状況の分析により、現実世界のさまざまな制度が持つ意味が捉えられるようになったからである。

情報の非対称性の経済学とゲーム理論の関係

序章で述べたように、ゲーム理論は情報の非対称性とも深い関連を持っている。それは、情報の非対称性のある状況もゲーム理論で表現できるからである。

第1章で市場メカニズムを考察したときには、取引されている財やサービスに関する情報は、売り手と買い手のどちらにも等しいことが暗黙のうちに仮定されていた。しかし、売り手が買い手よりもその財・サービスについて詳しい場合もあれば（すぐ後に述べる中古車市場の例が挙げられる）、買い手の方が売り手よりも情報を持っていること（たとえば医療保険に加入するときには、保険を買おうとする人の方が自分の健康状態について、売り手よりも知っている）もあるだろう。このように売り手と買い手の保有する情報に差があるときに、情報の非対称性が存在するという。

情報の非対称性を説明する際によく使われるのが、アカロフが最初に例として用いた中古車市場の例である。売り手は、状態の良い中古車は七〇万円以上で、状態の悪い中古車は一〇万円以上であれば買い手に売却してもよいと考えているとする（第1章で説明した売り手のコストを想起されたい）。買い手は、状態の良い中古車であれば九〇万円を出してもよいと思っているが、状態の悪い中古車であれば三〇万円しか出したくないと思っていると仮定しよう（第1章で説明した買い手の「評価額」を想起されたい）。そして、この市場には良い状態の車と悪い状態の車がそれぞれ五〇%ずつ存在していると考えることにしよう。この状況を描いたのが、表2-5である。

対称情報のとき、すなわち売り手も買い手も「この中古車は良くて、あれは不良車だ」というように中古車の情報を等しく持っているときには、この中古車市場は、良い状態の車と悪い状態の車のそれぞれに分かれて成立するだろう。これは第1章の「人はなぜ交換するのか」で述べた論理と同じで、良い状態の車の場合も、悪い状態の車の場合も、売り手のコストを買い手の評価額が上回っているからである。

表2-5　中古車市場の逆選択

	売り手	買い手
良	70	90
不良	10	30

*中古車市場に良い車と不良な車が混在している
良車：50%　不良車：50%

では、売り手は自分が売ろうとしている中古車の品質について知っているが、買い手は知らないという非対称情報のときはどうだろうか。状態の良い車と状態の悪い車が五〇%ずつの割合で混在しているとすると、買い手が出してもよいと考える金額は最大で六〇万円と考えられる（$1/2 \times 90 + 1/2 \times 30 = 60$）。しかし、このときには良い車を持っている売り手は売ろうとしないに違いない。なぜならば、売り手は良い車は七〇万円以上でないと売らないからである。

結果的に、情報の非対称性が存在するときは、状態の悪い車だけ、市場が成立することになる。こうした現象を「逆選択」(adverse selection) という。ここで「選択」というのは、進化論で用いられる用語で、「淘汰」とも訳される言葉だが、近年は生物学で「選択」という訳語が用いられる傾向にある。決して、人間が何かを選択するという意味ではない。生物進化の文脈では、強い（良い）ものが自然選択されていくと考えられているが、ここではその逆が起こっているという意味で、逆選択という言葉が使用されているのである（ただし、今日の進化生物学は進化の方向に、良いとか悪いといった価値観を持ち込んでいない）。

しかし、現実世界の中古車市場では、状態の良い車も売買されていることは周知の通りである。では、このモデルが何を意味しているのかというと、思考実験によって中古車市場に作用している力を理解し、現実に良い状態の車の市場を存立させ、支えているさまざまな制度が把握できるということだ。

この例の場合には、「シグナリング」が重要な役割を果たすことになる。状態の良い車を持つ売り手は、自分の車が良車であることを、買い手に対して「シグナル」することができる。ここで、「シグナル」はコストのかかる行動で、不良車を持っている売り手には真似ができないものであることが重要だ。たとえば一年のうちに起こった故障については無料整備の保証をつけるといったことが考えられる。

情報の非対称性の経済学は、ゲーム理論とはやや独立した形で提起され、一九七〇年代の経済理論の革命を引き起こした。しかし、一九七〇年代後半以降は、情報の非対称性のある状況は、ゲーム理論によって記述・分析されるようになってきた。ここでは詳述は避けるが、逐次手番のゲームには、先に説明した単純な「ゲームの木」だけではなく、プレーヤーたちが何を知っていて行動を選択するのかを表現する工夫が備わっているのである。この工夫を用いるならば、情報の非対称性のある状況はゲーム理論が対象とする数学的ゲームによって表現可能なのである。

ゲーム理論が生み出したさまざまな分野

今日に至るまでゲーム理論は経済学のなかに多様な領域を生み出して発展してきた。すでに述べたように、一九九四年のジョン・ナッシュ、ラインハルト・ゼルテン、ジョン・ハーサニのノーベル経済学賞受賞を皮切りに、その後の受賞の大半が、ゲーム理論が発展させた多様なフィールドでの貢献に対するものである。実際にノーベル賞を受賞した人々を明示的にあげつつ、ゲーム理論の展開を図示したのが、図2−4である。

これまでの説明でわかるように、ゲーム理論それ自体は、数学的に定式化された抽象的なゲームを対象として、そこにおける人間の行動選択の仕方を理論的に予測するための均衡概念を提案するものである。一九九四年のノーベル賞は、そのような理論研究の経済学における有用性が認められたことを意味している。具体的には、ジョン・ナッシュは同時手番ゲー

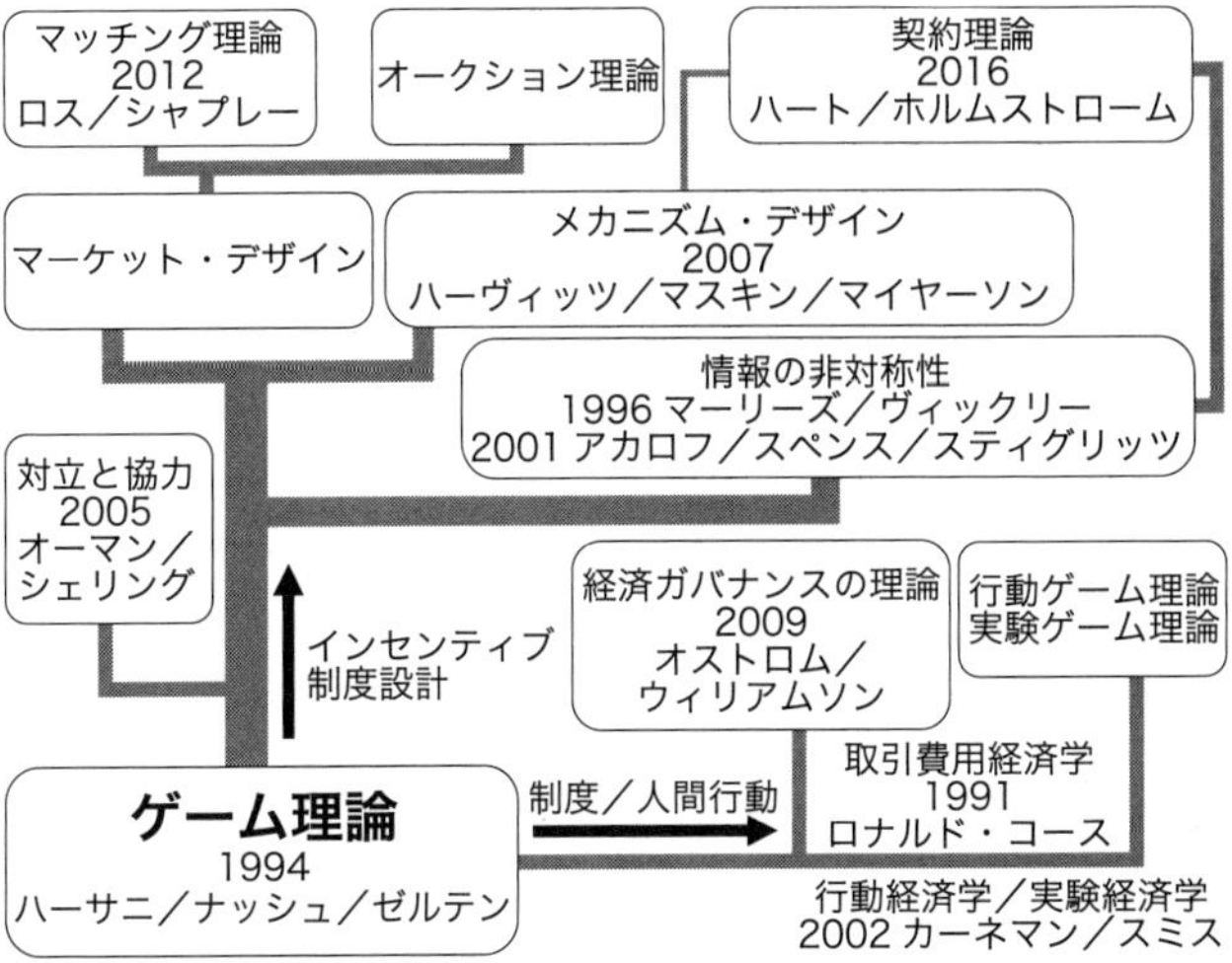

図2-4　ゲーム理論の影響を受けた諸分野とノーベル賞

ムの均衡概念であるナッシュ均衡を提起したことが、ラインハルト・ゼルテンはプレーに順番のあるゲームの均衡概念を提起したことが受賞理由である。これらは本章の解説のなかである程度触れた。ジョン・ハーサニは、プレーヤーたちの間で自分たちがプレーしているゲームを必ずしも完全にはわかっていない状況におけるゲームを独自の仕方で定式化し、そこでの均衡概念を提案したことが受賞理由である。たとえば、オークションでは、売りに出された商品に対する自分の評価はわかるだろうが、他人がどのように評価しているのかがわからないので、これまで見てきた利得表のような形に表わせない。このようなゲームを不完備情報のゲームという。さらに、これらの理論研究は人々の対立と協力にかかわる深い理論的洞察を可能にするものであり、ロバート・オーマンとトーマス・シェリングの二人が二〇〇五年にこの分野で受賞している。先に見たコミットメントの概念は、シェリングによって見出された。

ゲーム理論は、相互に何らかの依存関係にある人々の行動を考察するものなので、(1)一定の制度のもとで人々がどのように行動するのか、また(2)人々のインセンティブを考慮に入れたうえで制度をどのように設計すべきなのか、という方向での研究の展開を可能にするものであった。それが、図の左下の「ゲーム理論」の根っこから上の方に伸びている、「インセンティブ／制度設計」の枝である。

その先には、情報の非対称性にかかわる人間行動と制度設計に関する受賞（一九九六年のマーリーズとヴィックリーと二〇〇一年のアカロフ、スペンスとスティグリッツの受賞）、望ましい契約のあり方を分析する「契約理論」における二〇一六年のオリバー・ハートとベント・ホルムストロームの受賞が含まれている。

二〇〇七年に受賞したメカニズム・デザインはこれらの研究のバックボーンともなる、より抽象的な一般理論である（レオニード・ハーヴィッツ、エリック・マスキン、ロジャー・マイヤーソン）。

また、今日マーケット・デザインといえば、オークション理論とマッチング理論を指すことが多い。このうちのマッチング理論では二〇一二年にアルヴィン・ロスとロイド・シャープレーが受賞している。これは、たとえば医療インターンと医療機関のマッチング（研修医マッチング）を行うための望ましい仕組みを開発した実績を持っており、その研究成果は米国だけでなく、今日では日本でも実用化されている。かつての経済学は数理モデルを作成して、その性質を数学的に証明することに重点をおいていたので、「理学」的な研究に近かった。実際に使用できるような制度を設計し、それを世に問う研究が行われるようになったことは、経済学の「工学」的利用の可能性が広がってきていることを意味している。

他方、本章でも、ゲーム理論と制度との深いかかわりについて、その一端を解説したが、この枝からは経済的ガバナンスの理論における授賞が出ている（二〇〇九年のエリノア・オストロム、オリバー・ウィリアムソン）。オストロムは政治学者だが、公共財やコモン・プール問題における資源管理がどのように行われているのかを丹念に実証し、すぐれた自発的管理に共通する設計上の要点を抽出している。図中のウィリアムソンや行動ゲーム理論、実験ゲーム理論については、後の章でさらに述べる機会があるので、解説はそこに譲りたい。

なお、これらの人々すべてが、ゲーム理論から派生した一分野の研究を行ったとみなされることに同意はしないだろう。しかし、先にも述べたように、ゲーム理論が経済学の視野を広げた影響から自由であったとは主張できないはずである。

第3章　マクロ経済学の展開

ミクロvs.マクロ再考

本章はマクロ経済学を取り扱う。まず序章で述べたミクロ経済学とマクロ経済学の違いを想起して欲しい。そこでは、個々の経済主体の行動を解明し、それを積み上げて、経済という複雑なシステム全体の振る舞いを理解していく方法論（＝還元主義）を採用するミクロ経済学に対し、マクロ経済学は初めから経済の集計量の関係を扱う点に特色があると説明した。

しかし、本章の後半で述べるように、近年のマクロ経済モデルもまた、個々の経済主体の行動から積み上げる方法を採用するようになっている。したがって、還元主義か否かでミクロ経済学とマクロ経済学の違いを特徴づけることは、あまり正確ではなくなっていると言えよう。

ミクロ経済学とマクロ経済学の根本的な相違は、還元主義的アプローチをとるかどうかといった方法論上の相違にあるのではなく、経済現象に対する関心の持ち方の相違にあると言えるかもしれない。

今日、ミクロ経済学はますます、前章で解説した逆選択の現象のように、経済主体の行動と経済主体を取り巻くさまざまな制度との相互作用に焦点を合わせて、身の回りの経済現象を記述し、理解・説明しようとする方向に向かっていると思われる。これに対して、マクロ経済学はあくまで、われわれの「暮らし」一般に影響を与える景気の良し悪し・経済成長・物価の変動といった現象の決定要因に関心を向ける分野だと言ってよいだろう。したがって、当然、政府の実施する財政政策や金融政策がこれらのマクロ経済的現象に与える影響や、そのメカニズムが重要なテーマとなる。

こうしたテーマを扱うためには、ミクロ経済学と異なるモデル化の工夫が必要である。第1章で解説したような完全競争市場のモデルでは、経済全体の振る舞いは基本的に市場の自動調整機能によって決定されると考えられているため、政府の経済への介入はほとんど意味がないという結論が導かれる。「レッセ・フェール（為すがままにさせよ、の意味）」の主張である。しかし、われわれは政府が行う財政政策や金融政策が経済状況に（少なくとも多少は）影響するという強い直観を持っていることも事実である。経済政策が経済に影響を与えるメカニズムを把握するためのモデル化が独自に必要とされる理由はここにある。この点にマクロ経済学の本質があると言っても過言ではない。

とはいえ、マクロ経済学の専門家ではない筆者にとって、この難しいテーマを正面から扱って、代表的なアプローチに公平に光を当てることはきわめて難しい。そこで本章では、次のような観点からマクロ経済学の発展を論じる。すなわち、二〇世紀から今日に至るマクロ経済学の発展を、この分野の発展を導いてきた一つの糸といえる「期待」(expectation)という概念に焦点を当てて理解してみたい。

マクロ経済学で頻繁に使用される「期待」という言葉は、日常的な使用法とは異なり、将来の状態に対する「予想」または「予測」を意味している。われわれは経済のなかで、経済が将来どのように推移していくのかに関する予想を形成しながら経済的意思決定を行っている。株式投資はもとより、たとえば将来に向けてどの程度の貯蓄をしておくかの意思決定は、将来の物価水準の動向に関する期待なしにはなしえないだろう。

経済学も自然科学もシステムの振る舞いを理解し説明しようとする点では共通しているが、両者の間を決定的に分かつ特徴は、経済学が対象とするシステムでは、システムの構成員がシステムの将来の振る舞いについて予想しながら行動している点である。経済学の扱う対象の方がこの意味でより複雑なシステムであることが、経済学が自然科学と同様な仕方で「法則」探求型の学問になりにくい理由である。マクロ経済政策の有効性に関する議論もこの点に深く関係するので、期待という概念を理解しなければ、現代の経済政策の理解は難しい。

たとえば、二〇一七年に英国オックスフォード大学で行った講演で、日本銀行の黒田東彦《はるひこ》総裁は次のように述べている。

私ども中央銀行の政策担当者は、(ケインズ、ヒックスなどの)こうした英国経済学者の議論から直接的・間接的に影響を受けています。とりわけ重要なのは、「中央銀行が物価安定に向けた強い意志を示すことが、人々の期待に働きかけ、金融政策の効果を高める」ということです。これは、現在、日本銀行が実施している金融緩和のエッセンスでもあります。

もし経済というシステムに、このような複雑性がなかったならば、政府支出をどれだけ増加すればGDPがどれだけ増加するといったように、経済は機械のように把握できただろう。実際、後にフィリップス曲線で有名になるアルバン・フィリップス(一九一四~七五)は、多くのタンクをチューブでつなぎ、そこに着色した水を流して、経済の動態を観察するMONIACという機械を、ケインズ経済学に基づいて開発した。このような機械により、たとえば税率の変更がもたらす効果が計算されたという。もちろん、そこには人々が期待を抱くという要素は含まれていない。初期のマクロ経済学のモデルはこうしたものだったのである。

本章では、まず今日まで継続している意味でのマクロ経済学が独自の分野として立ち上がった理由に着目し、それがミクロ経済学とは対照的に、集計量の側面から経済全体を把握しようとした点——このアイディアの革新性——を説明したい。

次に、マクロ経済学が「期待」概念を導入せざるをえなくなった経緯と、そのことでマクロ経済学がどのような変遷を遂げざるをえなかったのかを見ていく。すでに読者は、「期待」という概念が前章で説明した「信念」という概念と似ていることに気づかれたかもしれない。本章でも、この類似性を強調しながら、マクロ経済学の展開を経済学全体の展開のなかに位置づけて論じていく。歴史的にはマクロ経済学の成立の方がゲーム理論の成立よりも若干先行しているが、実は、これがゲーム理論を本章に先立って説明した理由になっている。

集計量とは

マクロ経済学が扱う経済的集計量とは、ある程度の規模を持った経済（典型的には一国の経済）を想定し、そこで繰り広げられる経済活動を表わす数量を合計や平均、比率といった演算によって把握した経済変数を指す。たとえば、国内総生産、経常収支、失業率、物価上昇率などがある。

経済的集計量を把握しようとする試みは、一七世紀にウィリアム・ペティ（一六二三～八七）がイングランドとアイルランドの所得、人口、土地、その他の資産を推計したことに遡る。これは、第二次英蘭戦争の戦費調達の可能性を探るためであった。しかし、今日われわれが知っているような形で経済を把握できるようになったのは、ようやく一九三〇～四〇年代のことである。

そもそも一国の経済を数量化する目的にはさまざまな可能性がある。

たとえば、豊かさや生活水準の把握、生活水準の国際比較、国民の幸福度の把握などである。目的によって一国全体の経済活動を把握するための統計をどのように設計するかは異なってくるだろう。実際、経済的集計量は、気温や気圧のように自然に存在する量ではなく、人間が設計し、測定・推定する量なのである。

国内総生産（GDP：Gross Domestic Product）という形で経済を把握するようになったのは、世界大恐慌における所得下落の把握、第二次世界大戦における戦費調達、政府の財政政策の効果の把握などの要因が重なっていたようである。

アメリカではサイモン・クズネッツがGDP概念を作成するうえで大きな業績を挙げ、イギリスでは一九三〇年代のコリン・クラークの業績を受けて、ケインズの指導のもとにリチャード・ストーンとジェームズ・ミードが現代の国民経済計算（SNA：System of National Accounts）とGDPの原型となるものを開発した。クズネッツは一九七一年に、ストーンは一九八四年にその業績を称えられて、ともにノーベル賞を受賞している（ミードは貿易理論でノーベル賞を受賞）。

次節で説明するように、GDPの概念はケインズ経済学とは切っても切り離せない。GDPの開発によって、大戦後の先進国政府の需要管理政策が可能になったと言っても過言ではないだろう。今や、GDPは経済学にとって必須の概念であり、その短期的変動は景気変動を、長期的変動は経済成長や経済発展を表わす概念としても役立っている。

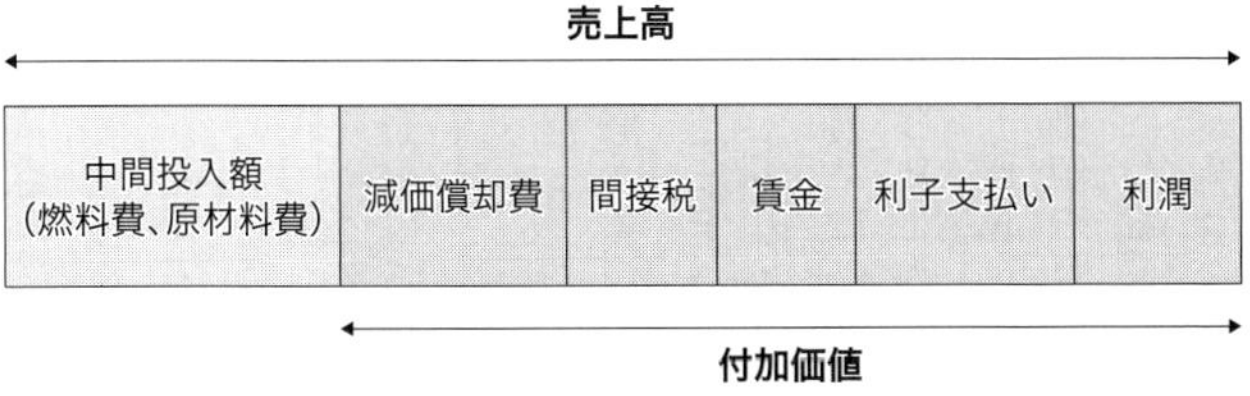

図3-1　付加価値の概念

GDPは生産面から見れば、ある一定期間内に、一定地域で生み出された「付加価値」の合計である。典型的には一定期間は一年間、一定地域とは一国を指すので、以下では、そのような想定のもとに説明しよう。付加価値とは、各事業所単位の、一年間の収入（売上高）から中間投入額を差し引いたものである。中間投入とは、生産した財やサービスの中に入り込む形で投入される原料や燃料のことであり、生産のために設置し、長年にわたって使用可能な機械や建物などの減価償却費は含まれない。

なぜGDPという指標が重要なのだろうか。まず、売上高から中間投入額を引いたもの（付加価値）は、利潤とは異なることに注意すべきである。利潤は売上高からコストを引いたものだが、コストのなかには、中間投入額だけではなく、賃金や利子支払いなどが含まれるからである。図3-1を見ていただきたい。売上高から中間投入額を引いたものは、利潤だけでなく、利子支払い、賃金、間接税、減価償却費などの合計になっているが、これらは減価償却費と間接税を除けば、必ず誰かの所得になっている部分である。その背景にあるのは、財やサービスの生産には、さまざまな「生産要素」

が投入されており、これらの要素の寄与に対して所得が支払われるという考え方である。

このように考えると、付加価値が要素所得（と減価償却費・間接税）の合計になっていることがわかる。したがって、付加価値を一国全体で合計したGDPは、一国全体の生産規模を表わす一方で、減価償却費や間接税などの項目の適切な足し引きを行うことで、一国全体の経済活動を所得面から把握できるのである。

GDPはさらに支出面からも捉えられる。生産物のうち、他の産業によって中間投入物として需要されなかった生産物を最終生産物と呼ぶが、GDPは国内の最終生産物の売上高合計とも一致することが知られている。そのため、それらがどのような形で支出されたのかという形で表現できるのである。このような形で把握されたGDPは国内総支出（GDE：Gross Domestic Expenditure）というが、具体的には、GDE＝民間消費支出（C）＋民間投資（I）＋政府支出（G）＋輸出（X）－輸入（M）という式が成立するのである。GDEにおける投資には、売れ残りの財が意図せざる「在庫投資」として含まれるので、会計上は生産面のGDP＝所得面のGDP＝支出面のGDPという「三面等価」が成立している。

少し厳密に言うと、GDPは「国内」総生産という名が示す通り、一国内で生み出された付加価値の合計であり、外国の企業でも、日本で生み出したものであれば、ここに含まれることになる。また、外国にいる日本人が生み出した価値は含まれていない。これに対して、日本人が生み出した付加価値を計算したものが国民総生産（GNP）と呼ばれるもので、かっては一国の経済的力を示すものとして、主要な経済指標の役割を果たしていた。両者の間には、GNP＝GDP＋海外からの要素所得（純）という関係が成立している（ただし、1993SNA［国民経済計算］の導入により、現在はGNPの概念が消え、これと等しい国民総所得［GNI］が用いられている）。

GDPがわれわれの経済に対する見方を大きく規定するほど重要な経済指標となったのは、それによって一国内の生産や人々の所得合計が把握できるばかりでなく、それが人々の「幸福」や「豊かさ」までも表現していると考えられてきたからであろう。高度成長期には、GDPを大きくする政策はすなわち、一国を富ませ、そこに住む人々を豊かで幸福にするものと考えられていたのである。

しかし、現在はそれほど単純には考えられていない。今日では、GDPは生産と所得の把握には役立つが、「豊かさ」や「幸福度」を表現するのには相応しくないということがほぼコンセンサスになっている。その理由の一つは、近年の「幸福の経済学」の諸研究により、所得が大きければ幸福になるという関係が、それほど単純には捉えられないことがわかってきたことである。

また、GDPは物的生産が主流であった時代には豊かさを反映していたが、イノベーションが重要となり、サービス業の比重が大きくなった現代では、その有効性に翳《かげ》りが見えてきたという指摘もたびたびなされるようになった。それは、GDPでは近年の経済に特徴的なイノベーションの効果を反映しきれないからである。

たとえば、われわれにはＩＴが発展して生活に浸透することで、生活はかなり「豊か」になったという実感がある。しかし、コンピュータの性能はすさまじい勢いで上昇しても、価格が安くなっていれば、ＧＤＰ上では付加価値が減少して表われるかもしれない。また、インターネットの登場により、たとえばグーグルの検索など、無料で提供されるサービスもかなりの量を占めるようになっているが、これもＧＤＰには反映されない。サービスの質の向上についても、同様のことが言えるだろう。

このように、ＧＤＰは生産や所得を測るためには有用でも、無形のものの生み出す価値や、幸福、豊かさを測定する指標としては不十分なのである。そのため、近年では「暮らしの良さ」を測るための代替的指標の開発も進んできている。たとえば、ＯＥＣＤ（経済協力開発機構）の「より良い暮らし指標」（Better Life Index）は、暮らしの一一の分野（住宅、収入、雇用、共同体、教育、環境、ガバナンス、医療、生活の満足度、安全、ワークライフバランス）にわたる統計ダッシュ・ボード型の指標として設計されており、人々の豊かさを多元的に測定する試みである。今後は、このような指標を見ながら経済政策が行われるかもしれない。

ケインズ経済学の基本モデル

話をもとに戻して、集計量を設計して経済を把握する試みが、二〇世紀経済学で非常に重要な役割を果たした点を見ておこう。マクロ経済学は、一九三〇年代不況と大量失業の発生という状況のなかでの政策論争から誕生した。

当時の新古典派経済学（ミクロ経済学）の観点からは、働こうとしても働けないことで生じる非自発的失業は、労働市場が均衡していないゆえに生じていると考えられた。縦軸に名目賃金をとり、横軸に労働供給と労働需要をとって供給曲線と需要曲線を描くことを考えてみよう。名目賃金とは貨幣額で測られた時給のようなものであると考えればよい。

難しい話を若干抜きにすれば、通常の財・サービス市場と同じように、右上がりの労働供給曲線と右下がりの労働需要曲線が描けるだろう。ここで両者が交わるところが市場均衡であり、そこではそのときの名目賃金＝均衡名目賃金で働きたい人は皆、働くことができているから、非自発的失業は存在していない。非自発的失業が発生するのは名目賃金が均衡名目賃金よりも高いところに留まっているときである。

このような見方から、当時形成されはじめていた労働組合の圧力が市場の動きを妨げているとして、賃金が伸縮的に動く仕組みを作るべきだという政策的提案がなされることになる。これが先に述べたミクロ経済学の限界であって、この袋小路を脱出するために、マクロ経済学独自の工夫が必要になる。そのためには何らかの仕方で市場が十全には作用していないこと（「不完全性」）を想定せざるをえない。

ケインズは、労働市場において名目賃金が固定的だと想定して、企業による労働需要が現実の雇用量を決定するような状況を考えた。このような状況では、企業がどれだけ生産を行うのかが重要なポイントとなる。企業が生産を増加させれば、それだけ労働需要も増加させることになるからだ。そして、ケインズは「有効需要の原理」で、一国の生産活動が有効需要により決定されるとして、新古典派経済学とはまったく異なる処方箋の提示に成功したのである。GDP（上述したように、ほぼ所得と同じなので、以下GDPという言葉を用いることにする）の規模は、所得の裏付けのある需要（＝「有効需要」）によって決定されると考えたケインズは、有効需要の一部をなす政府支出を増加させることでGDPを増加させ、失業を減少させられると考えたのであった。

その論理の本質は、マクロ経済学入門の最初の部分で教えられる45度線モデルによって理解できる。これは、均衡状態で観察されるGDPの規模がどのように決定されるのかを教えてくれるモデルである。

海外との取引はないことにして、経済は民間部門と政府部門のみから成っていると考えよう。GDPの規模をYという変数で記すと、まず、経済全体の総供給はYが直接表現しているので、総供給 $Y_S = Y$ となる。他方、経済全体の総需要は、民間消費（C）と民間投資（I）と政府支出（G）から構成されるので、総需要 $Y_D = C + I + G$ となる。さらに、民間消費は、所得Yから税金Tを引いた可処分所得 $Y - T$ の一次関数として、$C = c(Y - T) + A$ と表現されると仮定しよう。ここで、小文字の c は可処分所得が一単位増加したときの民間消費の

総供給：　$Y_S = Y$
総需要：　$Y_D = C + I + G$
ケインズ型消費関数：$C = c\,(Y - T) + A$
財市場の均衡条件：　$Y_S = Y_D$

増加の大きさを示すので、「限界消費性向」と呼ばれ、Aは所得の大きさから独立した消費の部分を示すので、独立消費と呼ばれる。

この定式化は今日、ケインズ型消費関数と呼ばれている。まとめると次のような方程式が完成する（上記）。もっとも単純なマクロ経済モデルである45度線モデルでは、民間投資Iと政府支出Gはモデルの外で決定されていると考えているので、数学的には定数とみなしてよい。

直観的に言うならば、所得Yによって民間消費の大きさ（C）が決まり、それと民間投資、政府支出の合計が有効需要となって、それが総供給＝所得を決定するという関係にある。図3－2をご覧いただきたい。横軸にはGDP水準のYの値が取られている。縦軸には、Yに対応した総供給と総需要の水準がとられて図示されている。総供給はYそのものなので、総供給のグラフを描くと、45度線になる（総供給曲線）。このモデルが45度線モデルと呼ばれているのは、この特徴ゆえである。総需要のグラフは、C＋I＋Gの水準を描いたものだが、このうちCはYの関数になっている（ケインズ型消費関数）ので、傾きcの直線として描かれる（総需要曲線）。直線が縦軸と交わるところ（切片）では、Y＝0を代入してみるとわかるように、その値は－cT＋A＋I＋Gである。$Y_S = Y_D$となるところ、すなわ

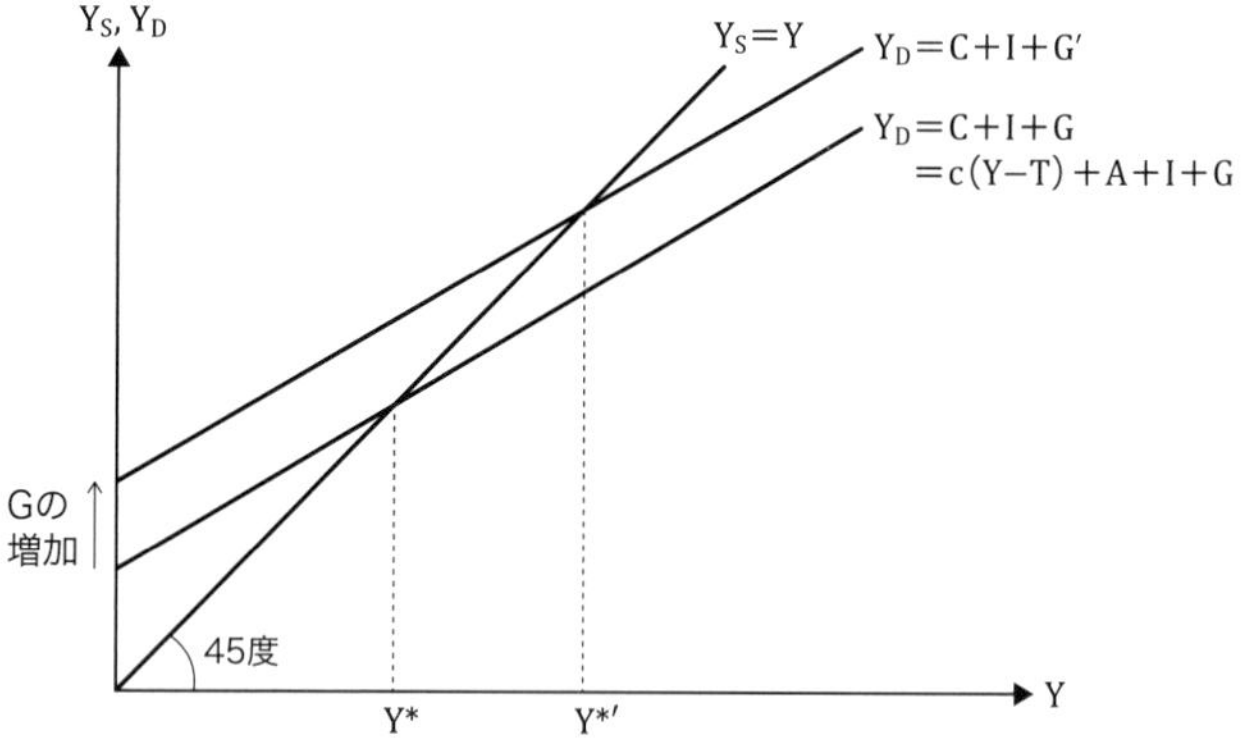

図3-2　45度線モデルの図解

ち総供給曲線と総需要曲線が交わるところで、財市場の均衡が達成され、そこで所得YがY^*の水準に決定される。

　このモデルで政府支出Gを増加させると、総需要のグラフが上方向にシフトし、均衡GDPの水準が増加することがわかる。同様に、税収Tを減少させても、総需要曲線が上方シフトするので、このモデルは減税政策の有効性も表現している。

　ここでは財市場の均衡を表現する45度線モデルによって、政府支出の増加や税収の減少といった財政政策がどのような効果をもたらすのかを説明してきたが、さらに金融市場のモデル構築で、中央銀行による金融政策（金融緩和や金融引き締め）が有効であることも示せる。こうしてケインズ経済学は、経済政策と言えば財政政策と金融政策という今日に至るまで支配的な思考枠組みを成立させたのであった。

ケインズ経済学の勃興と挫折

第二次世界大戦後、ケインズ経済学の考え方は主要先進諸国の経済政策に取り入れられ、政府が財政政策や金融政策を通して経済に介入することで、経済をコントロールし、景気を安定化できるという考え方が支配的になった。ただし、これには多少の留保が伴うことも説明しておく必要がある。

一九五八年にはアルバン・フィリップスが、一八六二〜一九五七年のイギリスのデータをもとにして、景気がよくなって失業が減少すると、それに伴って名目賃金率が上昇するという経験則を発見していた。名目賃金率の上昇は、インフレ率と密接な関係があるため、今日では、フィリップスの発見は、失業を減少させるとインフレ率が上昇し、インフレ率を減少させると失業が増大するという「インフレと失業のトレードオフ」を意味しているものと解釈されている。

トレードオフとは、あちらを立てればこちらが立たずというような関係である。この関係を、横軸に失業率（u）を縦軸にインフレ率（$\Delta P/P$またはπ）をとって図示したものが、フィリップス曲線である（図3-3）。

フィリップス曲線の存在を前提とすると、ケインジアンの政策は、そのときどきの状況に応じて、フィリップス曲線上の一点をターゲットにして財政政策や金融政策を発動させることになる。このような政府の需要管理政策に対する信頼は、一九六〇年頃にピークを迎えた

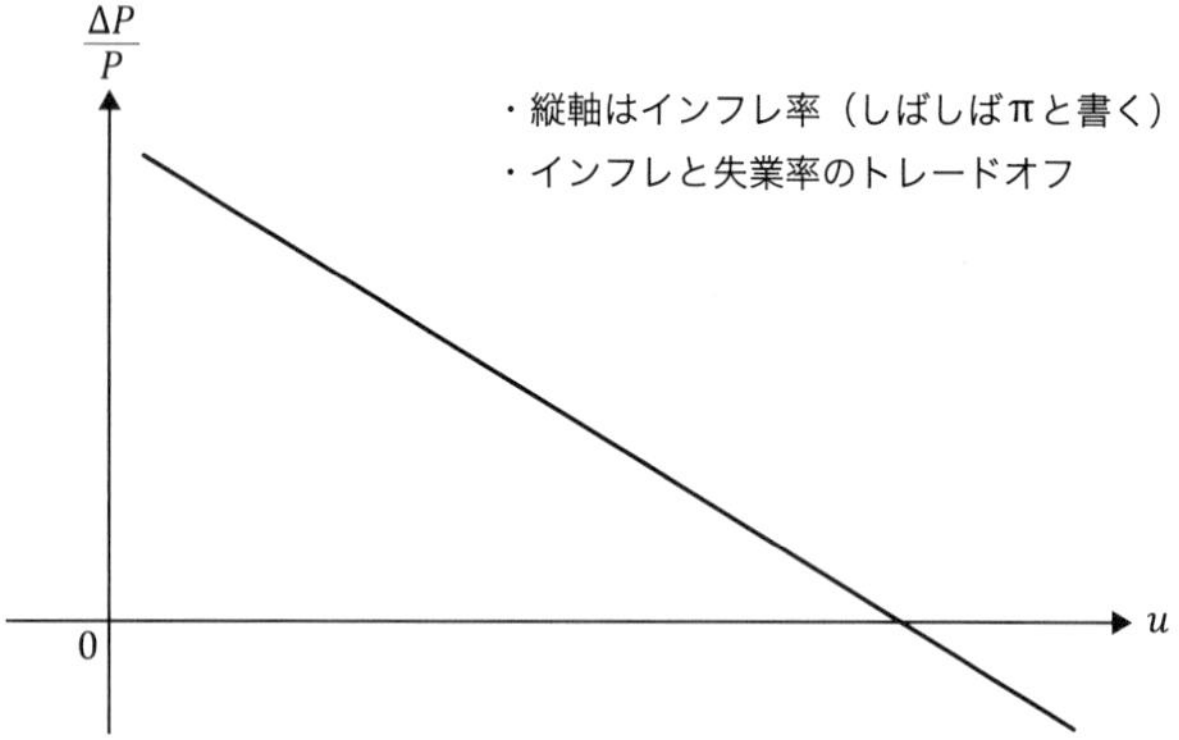

図3-3　フィリップス曲線

が、一方で一九六〇年代から先進諸国ではスタグフレーションという新たな事態が観察されるようになった。

スタグフレーションとは、スタグネーション（不況）とインフレーションを合成した新語であり、その名の通り、インフレーションが高進しても、不況になって失業が増大する事態を意味している。ケインズ政策が依拠してきたインフレと失業のトレードオフが崩れはじめたのである。

自然失業率仮説

こうした状況下、ミルトン・フリードマン（一九一二〜二〇〇六）は一九六八年の論文で、マクロ経済学の枠組みに「期待」という概念を導入することによって、この問題に対処しようとした。期待概念を経済学に導入したことは大変な革新であった。

しかしながら、期待概念を理論に導入することには困難が伴う。なぜならば、そこには人々の現在の行動は将来どうなるのかに関する予想によって決まる一方で、将来どうなるのかは人々の現在の行動によって決まるという循環構造が存在するからである。前章のゲーム理論の解説で取り上げたのと本質的には同様の構造がここには存在している。

このため、期待概念を導入するといっても、初めは素朴な期待形成のモデルから出発した。たとえば「静学的期待」という考え方では、前の期に実現した結果が今期も実現するという期待形成の定式化が行われている。しかし、このような定式化では結局のところ、過去によって将来に対する期待が生み出され、それが現在の行動を規定するため、過去が将来を順番に決定していくような枠組みにならざるをえない。また、人々の期待はいつまで経っても間違い続けることになるかもしれない。

そうした限界にもかかわらず、フリードマンの議論は、期待を経済学に導入することの意義を知らしめるものであった。フリードマンは、これまでのフィリップス曲線は人々のインフレ期待が固定されたときの、インフレと失業のトレードオフを表現しているにすぎないとし、人々の期待インフレ率π^eが変動すれば、フィリップス曲線もそれによって上下にシフトすると主張した。なぜかと言えば、現実のインフレ率πが人々の期待インフレ率π^eと等しいときには、人々は「正しい」認識に基づいた行動をとっているので、そこで実現される状態は「完全雇用」であり、これに対応した「自然失業率」u_Nが実現するはずだからである。し

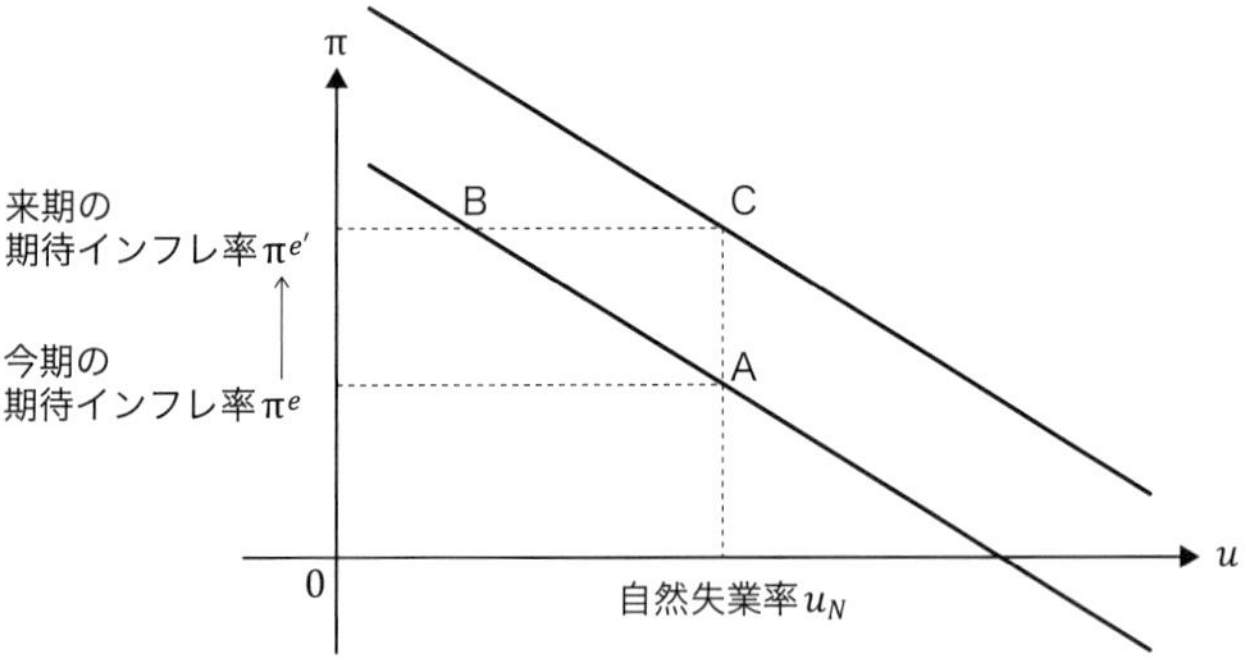

図3-4　期待を導入したフィリップス曲線

たがって、横軸に失業率u、縦軸にインフレ率πをとって描いたフィリップス曲線は、必ず（u_N、π^e）を通る。この事情を図解したのが図3-4である。

今、経済が当初A点の状態にあったとしよう。今期の期待インフレ率はπ^eで実際のインフレ率もこれと等しいので、自然失業率u_Nが実現している。このときの人々の期待インフレ率に対応したフィリップス曲線は、線ABである。次に、政府がこの失業率の水準に満足せずに、景気浮揚策をとって失業率を引き下げ、フィリップス曲線上のB点を達成したとしよう。しかし、次の期には人々はここで実現したインフレ率が実現すると予想するようになるだろう。このとき、フィリップス曲線はこのインフレ率と自然失業率を通る曲線へとシフトする（図3-4のC点を通るフィリップス曲線）。

こうして経済は、人々の期待の変動によってAからB、BからCへと移動することになる。一九七〇年代の各時点での失業率とインフレ率をプロットすると、右に旋回しつつ上昇していく螺旋《らせん》状の図のようになっていることが観察される。この現象が、フリードマンのアイディアによって、よく説明できるように思われたのであった。

このような考え方は「自然失業率仮説」と呼ばれている。自然失業率仮説によれば、政府の景気政策は、期待と現実が一致しない「短期」においては成功するものの、期待と現実が一致する「長期」においては、失業率は自然失業率へと収束するので、景気浮揚策はインフレを招くだけであり、無効となる。こうして、政府による裁量的な経済介入を主張するケインジアンと、政府介入に否定的で自由主義的な立場をとるフリードマンたち（マネタリストと呼ばれている）との間で激しい論争が繰り広げられることになった。

ルーカス批判のインパクト

一九七〇年代初頭には、ロバート・ルーカス（一九三七〜）やトーマス・サージェント（一九四三〜）らが「合理的期待」に基づくマクロ経済モデルを提出して、ケインズ的な財政金融政策の有効性に対して、より強い疑義を呈するようになった。合理的期待とは、経済主体が、その時点で利用可能なデータとモデルの構造に関する知識を使い、期待を形成するという考え方である。フリードマンの場合には、期待と現実が一致しない時期があり、その期間は経済政策が有効であると考えられていた。しかし、人々が常に合理的期待を抱くならば、政府による裁量的な経済政策は、人々の期待を裏切らない限り、無効であるという結論になる。

先に述べたように、「静学的期待」という期待形成のモデルでは、前期に実現した状態が今期も実現するというように、人々の期待は常に後追いの状態にあって、正しい期待ができないようになっている。したがって、期待は過去から導き出されるので、経済の状態は過去が将来を決めるというダイナミズムによって捉えられる。

これに対して、合理的期待のモデルは、将来の期待が現在の行動を規定し、現在の行動が将来の状態を規定するという複雑な絡み合いの問題を解くテクニックを内包している。前章で説明したゲーム理論におけるナッシュ均衡が同じような「信念」と「行動」との相互作用の問題を解決する概念であったことを想起していただきたい。予想と行動との循環という意味での基本構造は同じなのだが、マクロ経済学では、「期待」と「行動」との関係が、時間を通しての経済の展開に応用されていると言えよう。期待が行動を導き、それが経済の行く末を決定するという構図を採用すると、ゲーム理論で確認されたように人々の期待と経済のダイナミズムは複数の均衡を持つようになる。

また、人々が将来に対する期待を形成して行動するという図式を真剣に考えるならば、当然、個々の経済主体の意思決定という場面に行きつかざるをえないだろう。したがって、期待概念を重視するならば、マクロ経済学のモデルもミクロ的な基礎づけを持ったものになっていくのは、ある意味で自然なことである。

こうした転換を方向づけるうえで重要な役割を果たしたのが、一九七六年のロバート・ルーカスによる「ルーカス批判」だ。ルーカス批判とは、経済主体の行動を表現した方程式を過去のデータを用いて推定し、将来取るべき政策の評価を行うという伝統的政策評価のあり方に対する批判である。経済政策の変更は人々の期待の変更を通じて、人々の行動を変化させる可能性があるからだ。この議論は、政策変更によって変化しないと思われるような「ディープ・パラメータ」――たとえば個人の選好など――に基づいたモデルを構築すべきであり、経済主体の最適化行動を明示的に考慮したマクロモデルを創らなければならないという考えに導いた。

以上のような経緯で、一九八〇年代以降のマクロ経済学では、ほとんどの研究者が合理的期待とミクロ的基礎という概念を無視できなくなった。合理的期待の考え方とは対極的な立場のケインジアンの側からも、「市場の不完全性」（それは、上述したように政府のマクロ経済政策が有効性を持つ余地を生み出す）をミクロ的に探求するアプローチが登場し、ニュー・ケインジアンと呼ばれるようになった。とりわけ重要なのは、ニュー・ケインジアンが独占的競争のモデルの性質を解明し、価格調整の不完全性に、ある程度のミクロ的基礎を与えることができたことである。

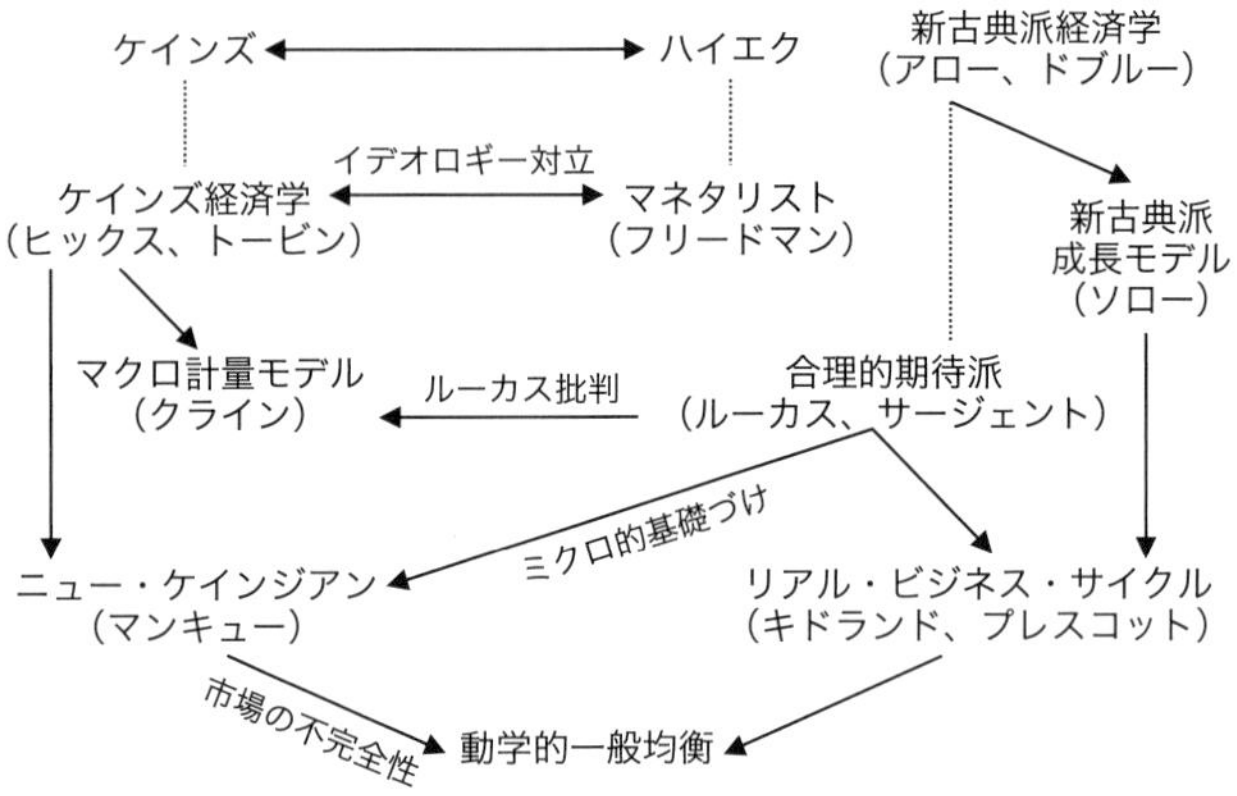

図3-5　マクロ経済学の展開

その後の展開

他方、それまで経済成長を説明するモデルとみなされていた新古典派の経済成長理論を景気循環に応用するアプローチがルーカスによって提案され、フィン・キドランドとエドワード・プレスコットがモデルの数値シミュレーションによって実際のデータを再現するという研究手法（カリブレーション）を確立することで、「リアル・ビジネス・サイクル（RBC）」理論が大きな成功を収めることになった（両者は二〇〇四年にノーベル経済学賞を同時受賞している）。これによって、「新しい古典派（new classical）」と呼ばれる立場が形成された（「新古典派」（neo-classical）と混同されやすいので注意されたい）。

RBCのモデルは価格の伸縮性を前提とした新古典派のモデルに外生的なショックを与えることで現実の経済変動の振る舞いを説明しようとする

ものである。しかしながら、このモデルに、ニュー・ケインジアンによって展開された独占的競争モデルなどを組み込み、市場の不完全性をも、このなかで表現しようとする試みがなされるようになった。こうして、RBCとケインジアンの要素が共存する「動学的一般均衡(DSGE)」モデルが生み出された。やや混乱する名づけ方だが、このモデルが「ニュー・ケインジアン・モデル」と呼ばれているもので、現在のマクロ経済学に統一的な研究基盤を提供することになった。

もちろん現代のマクロ経済学はさまざまな未解決の問題を抱えており、それらに対するさまざまな回答を実証分析によって篩《ふるい》にかけつつ進展している。しかしながら、その研究の雰囲気は三〇年前とはだいぶ異なるようである。現在では、最先端のマクロ経済学の研究者にとって、マクロ経済学は、かつてのようなイデオロギー闘争的色彩を伴った論争の場とは捉えられていない。現在のマクロ経済学は、現実の経済の振る舞いを数理モデルで再現するために、意思決定理論、ゲーム理論などで得られたさまざまな成果を取り込むことに貪欲な総合芸術を志向しているとも言えるのである。

第4章　行動経済学のアプローチ

行動経済学とは何か

行動経済学は、これまでの経済学のように「経済主体は合理的な経済人」という仮定を置かず、「実際に人間がどのように行動するのか」を探求し、そこから経済的意味のある面を見出そうとしている経済学の一分野である。

二〇〇二年には、行動経済学者のダニエル・カーネマン（一九三四～）がノーベル賞を受賞した（実験経済学者バーノン・スミスと共同受賞）。また二〇一七年にも、この分野の確立に大きな役割を果たしたリチャード・セイラー（一九四五～）が受賞しており、行動経済学はすっかり経済学の一分野として定着した印象がある。

行動経済学は、人間の行動選択がときとして不合理であるとともに、そこに予測可能な規則性が存在することを示すものとして、一般読者の関心も高い。書店でも行動経済学関係の本は多く並んでいる。したがって、読者は行動経済学の内容についての解説を期待するかもしれないが、ここでは他の章と同様に、行動経済学が現代経済学全体のなかで、どのような

ダニエル・カーネマン

意義を持つのかに焦点を当てて論じたい。

「行動経済学（behavioral economics）」がわざわざ「行動」という言葉を冠して名づけられているのは、どうしてだろうか。「行動」という言葉を派生させた「behave」という動詞はもともと、「behave one-self」というように使用されて「自分を持する、行儀よくする」という意味を持っていた言葉であった。それが人間の活動一般を包括的に意味し、さらに動物一般の行動までも含むようになったのは、フローリス・フーケロムによると、二〇世紀初頭のアメリカにおいてである。一九二〇〜三〇年代にアメリカで登場した心理学の「行動主義」という言葉は、すでにこのような意味で用いられている。

行動主義では、行動は条件反射など無意識の活動を含むとともに、基本的に外部から観察できるものとして定義されている。行動主義心理学のアプローチは、観察できない人間の「心」の内的状態を想定せず、観察データによって「心」の理解の科学的理解に徹しようとするものであった。

行動という言葉に対して、より古くから人間の行いを意味するものとして用いられてきたのは「行為（act, action）」という言葉だ。今日だと、こちらは行動という言葉との対比によって、より意識的に選択された行為を意味するようになっている。第1章と第2章で述べたように、新古典派経済学、ゲーム理論は、経済主体が選好と信念によって行為を選択するというモデルを基礎としているので、行為の主体として人間を見ていることがわかるだろう。行動経済学は、必ずしも意識的・意図的に選択したのではない人間活動まで関心の領域を広げた経済学であり、伝統的な経済学と人間に対する見方が異なるのである。

経済学の大転換

行動経済学が「現実の人間行動を分析する」というと、今までの経済学はそうではなかったのかという疑問が生じるかもしれない。実は、そうではなかったのである。経済学が伝統的に、個々の経済主体が合理的に選択すると「仮定」して、その前提のうえに理論体系を構築してきたことは、すでに述べてきた通りである。たとえば新古典派経済学は、期待効用理論が示すような合理的意思決定の仕方で各主体の選択行動を特徴づけたうえで、これらの主体が市場において相互作用するものと考えて理論的体系を構築し、「厚生経済学の基本定理」のような重要な結果を導いてきた。

経済学がこのようなアプローチを採用してきたことには、二つの側面が含まれている。第一には、第2章ですでに述べたような道具的合理性によって、経済主体を合理的主体として特徴づけていることである。経済主体は選好と信念を組み合わせて、自分にとってもっとも良い結果をもたらす選択をする。人間行動のこのような描像は、心理学や哲学では「素朴心理学」(folk psychology) と呼ばれるもので、われわれの日常的直観にもよく合致しているものである。このような定式化は、上述した行動主義心理学とは対照的に人間の心の内面的状態を想定しているように思われるかもしれないが、マックス・ヴェーバー(一八六四〜一九二〇)が『社会学の根本概念』で主張するように、行為の背景に合理的動機の存在を想定することで、行為の観察者にとっての「理解」を可能にするという利点がある。

また、人間心理の理解はそれ自体で非常に難しい問題を提起するので、そこには踏み込まずに、経済学の領域を確保したかったという事情もある。つまり、単に経済主体が合理的だと仮定することで、経済学は人間心理のメカニズムに立ち入らずに、独自に理論展開することが可能になるのである。

実際、序章でも言及した、二〇世紀を通してもっともよく引用されてきた経済学の定義を与えたライオネル・ロビンズは、経済学は心理学とは関係がないと宣言している。意外に思われるかもしれないが、経済学で扱う「効用」という概念は、心理学的な解釈からは自由な概念であり、心理学的に測定すべきものではなかった。それは経済学の理論体系のなかでは、消費者が選択することを可能にする道具でしかなかったのである。こうして、経済学は稀少な資源の配分や市場メカニズムをテーマとする学問領域として確立された。

経済学の伝統的アプローチの第二の側面は、人間が合理的であるという仮定の現実性について疑うことを難しくしてきたことである。なぜならば、この仮定は経済理論の全体系のもっとも根本的な部分に置かれているからである。

このような経済学の方法論は、筆者の知る限りでは、少なくとも一九世紀イギリスのジョン・スチュアート・ミル（一八〇六〜七三）にまで遡れる。ミルによれば、自然科学とは異なって決定的実験（experimentum crucis）ができない経済学は、帰納よりも演繹《えんえき》に多くを頼らざるをえない学問である。彼の場合、この演繹の基礎をなす仮定は、人間がより多くの富を求めているという命題であるが、それはわれわれの内省によって獲得され、基礎づけられている。基本的な仮定から演繹によって学問を構築していくという方法論的思考は、論理実証主義の強い影響力のもとで、二〇世紀に入ってからも継続することになった。

仮定の現実性を問わないという方法論は、多くの経済学者に強い影響力を持ってきたミルトン・フリードマンの一九五三年の論文「実証経済学の方法論」にも示されている。そのなかでフリードマンは、理論の有用性は、それを用いて説明したいと思う経済現象の「予測」を可能にするかどうかという点だけにかかっていると主張した。

この主張は一見したところ、なるほどと思わせるものだが、その意味はより深いところにある。この考え方によれば、理論の有用性を、その仮定の現実性によって評価することは意味がないということになるからである。

経済学が長いこと採用してきたこのアプローチはきわめて強力なものであったと言える。一九七八年にノーベル経済学賞を受賞したハーバート・サイモン（一九一六〜二〇〇一）は組織行動を分析するなかで、すでに一九四〇年代後半には、「限定合理性」の概念を提起していた。これは、経済主体は合理的であろうとするが、認識能力の限界によって限定的にしか合理的でありえないという経済主体の捉え方である。

しかし、このアイディアはオリバー・ウィリアムソンらの展開した取引費用経済学には影響を与えたものの、経済学界全体を揺るがすような大きなインパクトを与えたとは言えない。経済学者にとっては、限定合理性の仮定によって、これまで説明できなかったどのような経済現象が説明可能になるのかが重要だったのである。

ノーベル賞を受賞したカーネマンは、もともと心理学者として意思決定を研究しており、ある時点まで、自身の研究が経済学の一部を立ち上げることになるとは想像もしていなかっただろう。こうしたことを考えるとき、一九九〇年代以降になって行動経済学が経済学の一分野として確立したという事実は驚くべきことなのである。この転換をどう考えるべきなのかは、いまだに論じ尽されていない興味深いテーマである。

合理的主体を前提とした伝統的経済学からリアルな人間行動を分析対象とする行動経済学への転換について、合理的経済主体という非現実的な仮定のもとに築かれた経済学が「うまくいかなくなった」ために、経済主体のリアルな行動を分析する行動経済学がそれに置き換

図4-1　経済学のさまざまなアプローチ

わるべく登場してきたかのように素朴に考える人がいる。

ただ、筆者はこのような説明は必ずしも正しくないと考えている。先にも登場してもらったフーケロムは、もともと心理学的色彩の強い行動経済学が経済学のなかに確立した背景には周到なマーケティング戦略があったと指摘している。カーネマンとエイモス・トヴェルスキー（一九三七～九六）の理論をファイナンス理論に積極的に応用したセイラーは、カーネマン、エリック・ワナーとともに、アルフレッド・P・スローン財団（一九八四～八九年）とラッセル・セージ財団（一九八七～九二年）の資金を受けて研究プログラムを推進し、このプロセスのなかで行動経済学を周到に「マーケティング」したのであった。このプログラムを推進する過程では、経済学者と心理学者の割合を半々にし、そのどちらにも偏らないように細心の注意が払われた。また、経済学者に受け入れられやすくするための注意も怠らなかった。

しかし、こうしたエピソードはさておき、この転換が経済学にとって革命的なものであることは否定しがたい。この転換が結果的に、経済学が扱うべき対象に対する考え方を変えたからである。

図４-１をご覧いただきたい。この図は、われわれが観察する経済現象が、主体の行動と制度との相互作用のなかで発生していることを表現しよ

うとしている。観察される結果（C）を観察し記述するだけでは、そこで何が起こっているのかを探求しようとする科学としては不十分である。したがって、関心の焦点を絞って、その内部の理解に努めるアプローチが必要になるだろう。このときに、AとBの二つの要因を変動させて何が起こっているのかを解明しようとすることは、いたずらに探求を複雑化させるだけである。第1章で説明してきた新古典派経済学は、市場メカニズムの作用の仕方（BとCの関係）に焦点を当ててきたが、そのために人間行動（A）についてはあれこれの仮説を探索して来なかったのだという解釈が成り立つ。同様に、行動経済学はAに関心があり、AとCの関係を探求しようとしている。このように、合理的主体を前提とした経済学と、リアルな人間行動を分析の対象とする行動経済学とは、後者が前者の欠点を克服して、それを包摂しようとしているわけではないという解釈が成り立つのである。

これは、経済学がその関心対象を多様化させていることを意味している。そこには、もちろん採用する方法論の違いも含まれており、経済学が実験的方法を用いるようになったことや、人間を自然科学的対象と同様の仕方で理解できるのかもしれないという考え方が背景にある。この点については、第5章で経済学における実験的手法の勃興の問題として論じることにしよう。

行動経済学の主な内容

今日では、行動経済学は一部の研究者の先端研究領域としてのみならず、ある程度整理された内容が大学の学部レベルでも教えられるような領域になりつつある。そこでは、どのような内容が教えられているのだろうか。大垣・田中（二〇一四）などを参照しながら主要な内容をリストアップしてみると、だいたい以下のようになる。

1　ヒューリスティクスとバイアスの理論
2　プロスペクト理論
3　異時点間の選択と双曲割引の理論
4　心の二重過程理論
5　社会的選好の理論

ここで、1から4は基本的に一人の主体の意思決定に関するものであることに注意して欲しい。行動経済学の基本は、カーネマンとトヴェルスキーが展開してきた一人の意思決定者に関する研究に基づいているのである。これに対して、5の社会的選好の理論は、ゲーム理論の実験のなかで新たに加わったものであるが、次の章で説明することにしたい。

ヒューリスティクスとバイアスの理論

「ヒューリスティクスとバイアスの理論」は、カーネマンとトヴェルスキーが発展させてきた理論で、不確実性下の意思決定の状況を対象としている。彼らによれば、不確実性のある場合など、複雑な意思決定のタスクに直面したときに、人間はそれに対応する数学の問題を解いて意思決定しているのではなく、いつも正しいわけではないが、ある程度のレベルで正解に近い解を得ることができる方法を用いて意思決定している。これをヒューリスティクスという。この言葉は「発見的方法」と訳されることが通常だったが、近年では「思考の近道」とか「認知的近道」などと訳されることもある。人間がヒューリスティクスを用いるのは、複雑な問題を単純化するためである。

少し具体的に見てみよう。カーネマンとトヴェルスキーが発見してきたヒューリスティクスでよく引用されるものとしては、代表性（representativeness）、利用可能性（availability）、アンカリング（anchoring）がある。

代表性は、何か（誰か）がある種類に属している可能性の大きさを判断する状況にかかわっている。何かがある種類に属している可能性（確率）の大きさを判断するときに、われわれは、それがその種類の代表的なイメージに合致している程度で置き換えて判断してしまう傾向性を持っているというのが、代表性ヒューリスティクスである。利用可能性とは、ある事象が起こる確率の大きさを、それがどれほど頭のなかで思い浮かべやすいかで判断してしまう傾向性のことである。また、アンカリング効果とは、人間が初期値（アンカー）を修正して判断するときに、判断の結果が初期値に引きずられてしまうことを言う。

これらの結論は、アンケートへの回答などのような比較的簡単な意思決定実験に基づいて得られたものである。ここに伝統的な経済学との劇的な相違を感じとって欲しい。

限定合理性の概念を提起したハーバート・サイモンもまたヒューリスティクスという言葉を用いて人間行動を研究している。しかし、サイモンがヒューリスティクスを意思決定の「ルール・オブ・サム」として捉え、状況に応じて、また学習を通して変化していくものと考えていたのに対して、カーネマンとトヴェルスキーは、ヒューリスティクスを生物学的に規定されていて不変なものであると捉える傾向がある。

ただし、このことはカーネマンとトヴェルスキーにとって、人間が必ず不合理な選択をすることを意味しない。最初に意思決定の状況に関するインプットを処理する際に人間が用いるものがヒューリスティクスであり、その後にヒューリスティクスによって得られた判断を推論による合理的判断で置き換える可能性は排除されていない。このことが後に見る二重過程理論の理論構造にも関連している。

プロスペクト理論

「プロスペクト理論」もまたカーネマンとトヴェルスキーの理論で、一九七九年に発表された画期的論文「プロスペクト理論：リスクのもとでの意思決定の分析」で提起された。ここでは、それ以前にヒューリスティクスとバイアスの言葉で定式化された、不確実性のもとでの意思決定の問題が、経済学者にとってより馴染み深い仕方で再定式化されている。

第2章において、われわれは期待効用理論の構造について見てきた。期待効用は、結果に対する効用関数（フォン・ノイマン＝モルゲンシュテルン効用関数）の期待値を確率を用いて計算したものであった。話をわかりやすくするために、ここで使用される確率は、たとえばサイコロを振るというような客観的な事象にかかわっていて客観的なものだとしよう。フォン・ノイマン＝モルゲンシュテルン効用関数を$u(\cdot)$と記すと、確率pで賞金額x、確率$1-p$で賞金額yが得られるクジに対する期待効用は$pu(x)+(1-p)u(y)$のように計算される。

プロスペクト理論もまた期待値計算に依拠しているのだが、人間のバイアスを考慮した形で期待効用理論が書き換えられる。具体的には、期待効用理論における効用関数は「価値関数」に置き換えられ、期待値計算に用いられる確率は主観的な歪みを反映した「確率ウェイト関数」によって表現される。

効用関数に対応する価値関数を$v(\cdot)$と記し、客観的な確率pの値を主観的に受け取った結果を反映している確率ウェイト関数を$\pi(p)$と表わすと、プロスペクト理論で表現したこのクジの価値は$\pi(p)v(x)+\pi(1-p)v(y)$のように表現される。

図4－2を見てみよう。確率については、小さい確率は過大評価し、大きな確率を過小評価する傾向が確率ウェイト関数で表現されている。確率だけでなく、価値関数の方も人間のバイアスを反映して、通常のフォン・ノイマン＝モルゲンシュテルン効用関数とは異なって

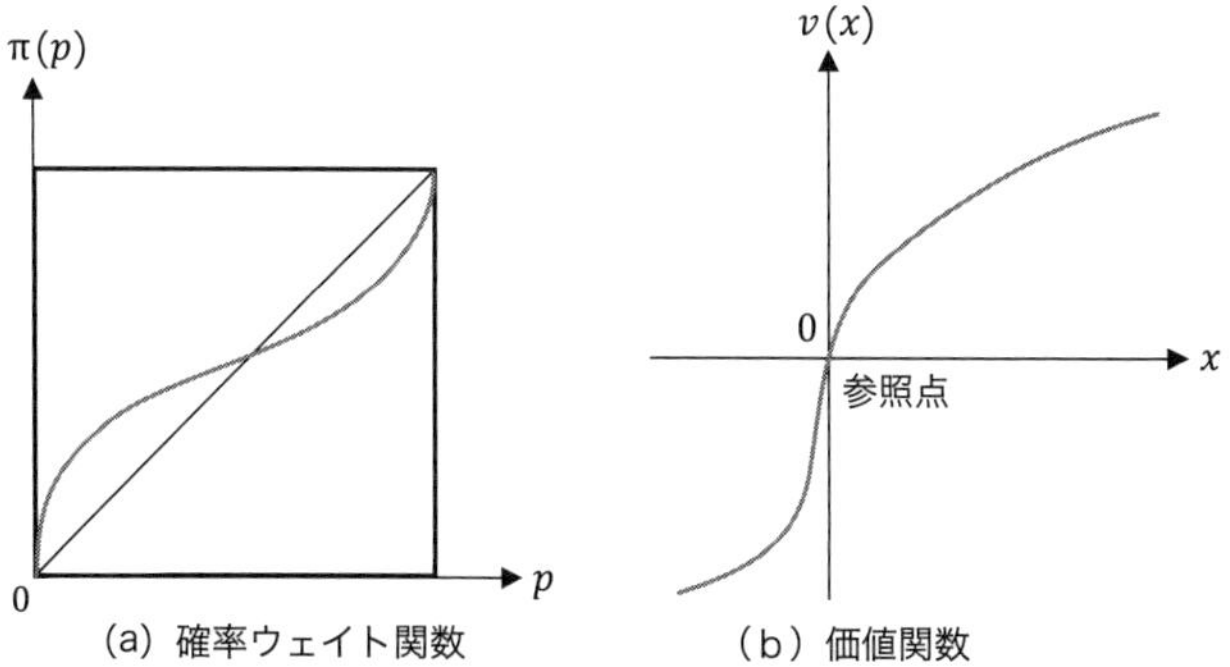

図4-2　確率ウェイト関数と価値関数

いて、次のような性質を持つとされる。

(1)状況ごとに主観的に設定される「参照点」からの変化を入力としてとる。図４－２（b）の原点が参照点である。多くの場合、参照点は現状であると考えればよい。

(2)損失に対してより敏感に反応する。これは図のなかでは、原点から右側の領域と比べると、左側の領域で価値関数が大きく下っていることに反映されている。

(3)損失局面では危険愛好的である。これは図では、原点の左側の領域と右側の領域で、価値関数の曲り方が違っていることに示されている。詳しくは説明しないが、右側の領域のような曲線の曲り方は危険回避的行動に対応し、左側の領域のような曲線の曲り方は危険愛好的行動に対応している。あまり良い例ではないかもしれないが、ギャンブルで負けが続いている人は損切り（投資で損失が生じている際に、損失額を確定すること）できずに、一発逆転を狙ってリスクをとる傾向があり、反対に勝っている人はリスクをとらずに安全を重視するという例がわかりやすいかもしれない。

先に述べたように、プロスペクト理論は、それ以前にカーネマンとトヴェルスキーが展開してきたヒューリスティクスとバイアスの理論を置き換えたわけではなく、ヒューリスティクスとバイアスの理論を特定の状況で一つのわかりやすい枠組みに落とし込んだものである。

しかし、このようにして期待効用理論と直接比較可能な仕方で定式化したことによって、カーネマンとトヴェルスキーの理論は経済学者に大変受け入れやすいものとなった。一九八〇年代以降、リチャード・セイラーを始めとするファイナンス研究者たちが、金融市場のアノマリー（変則的事態）の説明として、この理論を熱烈に受け入れた背景には、この定式化があると言ってよいだろう。

異時点間の選択と双曲割引の理論

「異時点間の選択と双曲割引の理論」は、異なる時点で発生する報酬（あるいは損失）が存在する状況でどちらを選択するのかという問題を扱う。

たとえば今日一〇〇万円もらうという選択肢と、一年後に（確実に）一〇〇万円もらうという選択肢が与えられた場合にどちらの方を選択するのかという問題である。不確実性の問題を抜きにして考えるために、一年後に一〇〇万円もらうという選択肢には、まったく不確実性がないものとしよう。このような選択に直面すれば、たいていの人は今日一〇〇万円もらう方を選択するだろう。これを経済学では、人々が一年後の報酬一〇〇万円と今日の報酬一〇〇万円と比較する場合に、前者を一〇〇万円と考えるのではなく、価値を割り引いて、たとえば今日の九〇万円相当に考えているのだと解釈してきた。

伝統的な経済学では、経済主体が将来の報酬を割り引く割合は時間を通じて一定であると考えてきた。上述した例で一年後の一〇〇万円を今日の九〇万円に相当するように割り引く場合、割引因子が〇・九であるという（一〇〇×〇・九＝九〇だから）。一定の割合で割り引くというのは、今日と一年後に限らず、一年後と二年後、二年後と三年後の間でも正確に同じ割引因子が成立することを意味する。このような割引の仕方を「指数割引」という。

しかし、心理学者ジョージ・エインズリーによる動物実験では、割引因子が時間とともに変化し、一定ではないと示された。現在に近いときの割引因子の方が、将来の割引因子よりも小さいとわかってきたのだ。この割引の仕方を示す関数が、時間に関して反比例的な性質を示すため、これを「双曲割引」の理論と呼ぶ（反比例のグラフが双曲線と呼ばれていることに由来）。この研究の影響を受けて、人間の割引の仕方も双曲割引的であることが、ジョージ・ローウェンスタインとデイヴィッド・レイブソンによって提起された。

たとえば、次の二つの選択状況を考えてみよう。

(1)すぐにもらえる一〇〇万円と三年後にもらえる二〇〇万円

(2)六年後にもらえる一〇〇万円と九年後にもらえる二〇〇万円

読者はそれぞれの状況でどちらを選択するだろうか。どちらも二つの選択肢の間に三年の時間経過があり、遅れて得られる報酬が二〇〇万円で、その時点で得られる報酬が一〇〇万円だという構造に注意してほしい。時間を通じて割引率が変化しない指数割引のモデルでは、どちらの選択状況でも同様な選択をすることが予測されるはずである。しかし、人によっては、(1)では「すぐにもらえる一〇〇万円」を、(2)では「九年後にもらえる二〇〇万円」を選択することは、十分ありうるのではないか。双曲割引のモデルを用いると、このような選択が説明できるのである。

双曲割引のモデルを使用すると、人間がしばしば直近の誘惑に弱く、自制心を働かせにくい事実が説明できるようになる。この問題は長年の間、哲学の文献で、アリストテレスによって提起された「アクラシア（自制心の欠如）」や「意志の弱さ」がどうして発生するのかという問題として論じられてきた。双曲割引のモデルによれば、今日の時点で行った意思決定が、時間が経つと変化する（心変わりする）ことを「選好逆転」として説明できる。

図4-3をご覧いただきたい。この図で横軸は、現時点を原点として時間の経過を表しており、縦軸は二つのイベントA（時点T_2で大きな価値をもたらす）とB（時点T_1で小さな価値をもたらす）それぞれの時点における割り引かれた価値が取られている。現在の時点での選択では、指数割引のモデルでも双曲割引のモデルでもイベントAの方が選択されるだろう。こ

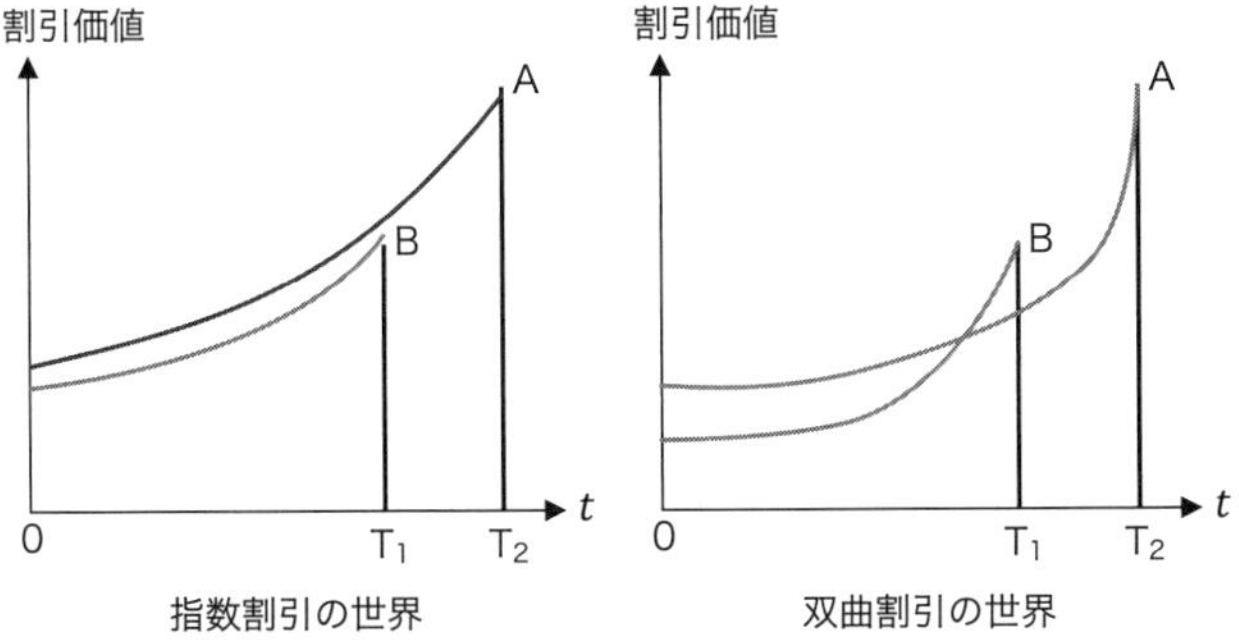

図4-3　意志の弱さの表現

のことは、t＝0のときにAに対応する割引された価値の方が大きいことからわかる。しかし、指数割引では、BよりもAを選択することが時間を通じて変化しないのに対して、双曲割引ではBのイベントの時期が近づくと、そちらの方をAよりも高く評価するとわかるのだ。

こうして、この人は途中で心変わりして、直近に迫るBの誘惑に勝てなくなることの説明ができる。時間とともに最適な選択が変化することを、経済学では「時間的不整合性（time inconsistency）」と呼び、さまざまな分野で応用されているが、双曲割引の概念により、それがきわめて自然に説明可能となる。

心の二重過程理論

時間的不整合性が発生する状況は、自分のなかに、現在の自分と将来の自分という二つの主体が存在していて、どちらもが意思決定を支配しようとしている状況として捉えることもできる。このことから、人間の心に二つのシステムが存在し、それぞれが結果に影響を与えようとしているという「二重過程理論(dual process theory)」が提案されるようになった。

このようなアイディアは、認知心理学、社会心理学、神経心理学など、さまざまな分野の専門家たちによって提起され、論者によってさまざまに異なる仕方で呼ばれてきた。ただし、これらの論者は文字通りに心の作用がきれいに二つに分けられると考えているのではなく、二重過程理論を心の働きを説明するのに有用なモデルと考えている点に注意しておきたい。

認知科学者のキース・スタノヴィッチ(二〇〇八)には、二重過程理論に関連するさまざまな文献リストがよく整理されている。スタノヴィッチ自身は、自動的にヒューリスティックスを発動し、脳のさまざまな部分を並列して使用しつつ、演算能力をあまり要求しない処理システムの方を「TASS(The Autonomous Set of Systems)」と呼び、規則に基づき、しばしば言語のように逐次的に作動し、演算能力への負担が大きい処理システムを「分析的システム」と呼んでいる。ここではカーネマンが『ファスト&スロー』で使用している「システム1」と「システム2」という用語で説明したい。特徴は、以下の通りである。

システム1:ここでは複数の情報処理が独立に分散して行われる。人の顔を認識するときのようにインプットによって駆動し、処理速度が速い。パフォーマンスに個人差が少ないことが特徴で、このため進化的に古い部分だと推測される。

システム2：ここでは情報が逐次的に処理される。言語的・論理的な操作にかかわることが多く、処理が遅い。パフォーマンスに個人差が大きいことが特徴なので、進化的に新しい部分だと推測される。

この二つのシステムは人間の心のモデルなので、必ずしもそれが脳内のシステムに対応していると考える必要はないが、暗黙裏にそう考える研究者もいるようである。二つのシステムの存在を考えることによって、たとえば多くの被験者が実験室でしばしば不合理な選択をしてしまうことだけでなく、じっくり考える時間的余裕が与えられると、自分の「間違い」に気づいて選択を訂正しようとすることも説明できるようになる。

何らかの刺激を受けたときに、システム1が先に駆動し、刺激をヒューリスティクスで処理しようとするときにバイアスが生じるのである。もう一つの処理システムであるシステム2がこのような傾向を抑えることで、より合理的な判断ができる。簡単に言うと、システム1が人間の不合理な部分を表現し、システム2が合理的な部分を表現していると言える（しかし、カーネマン自身は合理／不合理という言葉は使用せずに、システム2は推論を司ると表現している）。

ある意味では非常に単純なモデルのため批判も多いが、この見方は多くの研究者の研究方向に強い影響を与え続けている。また、後に説明する「ナッジ」の考え方も、二重過程理論に深く関係している。

人間行動への自然主義的アプローチと神経経済学

行動経済学の勃興によって、経済学が人間行動そのものに焦点を当て、心理学的要素を取り入れるようになると、経済学は一挙に学際的研究分野になった。方法論的にも伝統的経済学とは異質なものを取り入れていく。

そもそも人間の心や行動の説明には大きく分けて二つのアプローチが歴史的に存在してきた。一つは、選好や信念といった概念を用いて、人間の行為選択を理解しようとするアプローチで、これはしばしば「志向的アプローチ」と呼ばれている。志向性（intentionality）とは、若干説明を要する哲学用語で、「知覚する」「信じる」「欲求する」「希望する」「意図する」といった種類の心の状態が、常に何かに「関する」ものだという特徴を表わす言葉である。志向性を示す心的状態を志向的状態というが、選好や信念はそのような志向的状態の代表例ともいえる。このため、人間の行為を志向的状態に基づいて説明するアプローチを「志向的アプローチ」と呼ぶ。

われわれが素朴心理学を用いて人間の選択を説明していることはすでに述べた。自分の行為を正当化して説明する際も、他人の行為を解釈する際も、この枠組みを用いているのだ。

たとえば、外出時に傘を持っていく人を見たならば、われわれは自然にその人が、雨が降るかもしれないという「信念」と、雨に濡れたくないという「欲求」を持っていると考えるだろう。素朴心理学のなかの「素朴」という名前とは裏腹に、このアプローチは哲学的には深い背景を持っている。すでに少し触れたが、マックス・ヴェーバーが『社会学の根本概念』で、行為の合理的動機の理解を社会学の目標に掲げたのも、このアプローチによってこそ人間行動の理解が可能になると考えたからである。

もう一つは、選好や信念のような志向的状態にかかわることなく、人間の心や行動を自然科学的に説明しようとする自然主義的アプローチである。ここでの説明の特徴は、動機のような目的論的概念を排除して（そもそも自然には目的ということがない）、因果関係の観点から人間行動を説明することである。

人間の心や行動は、これら二つのアプローチのどちらの対象にもなりうるという特徴を持っているのである。では、二つのアプローチはどういう関係にあるのだろうか。

たとえば、「外出したい」という心的・志向的状態が、脳の一定の物理的状態と正確に対応しており、この対応関係を把握できるならば、この翻訳によって二つのアプローチの違いは問題なく調停されるだろう。しかし、同じ一つの事態について、これら二つのアプローチのそれぞれに固有な言語で記述したものを互いに翻訳することが不可能なのは、さまざまな哲学者たちによって「証明」されてきた（たとえば、ドナルド・デイヴィドソンの「心理物理法則の不可能性」）。この問題は、哲学の分野で「心身問題」と呼ばれてきた難問中の難問なのだ。

　行動経済学の現状を見るとき、これら二つのアプローチが素朴に混在しているように思われる。先に見たプロスペクト理論は、一定のバイアスの存在は認めつつも、一応「選好」と「信念」を組み合わせて人間の選択を説明しようとする点で、志向的アプローチを採用しているとみなせる。他方、たとえばダン・アリエリーのベストセラー『予想どおりに不合理』で説明されている実験には、プライミング効果をテストしているものがいくつかある。

　プライミング効果とは、簡単に言えば、学習や記憶課題などで先に与えた刺激の処理がその後の行動に無意識に影響することを指す。このような実験手法を用いて、被験者の意識しない要因が行動に与える影響を抽出することが可能となる。被験者の意識しない要因は志向的状態とは言えないので、これを志向的に記述し直すことは不可能である。

　とりわけ神経経済学は、行動経済学のなかで自然主義的アプローチを徹底したものとみなせるだろう。一九九〇年代以降、ｆＭＲＩ（機能的磁気共鳴装置）などのように、脳の活動を非侵襲的な仕方で測定する技術が発展したため、被験者に経済的意思決定をさせつつ、そのときの脳部位の賦活状態を測定する研究手法が可能になってきた。行動経済学の問題意識を受け継いだうえで、こうした手法を用い、人間行動を神経科学的に説明しようとするのが神経経済学である。

　経済学の内部に自然主義的アプローチに基づく研究が明確に登場してくるなか、二一世紀に入ってから経済学方法論の論争が再燃した。経済理論家のファルーク・グルとウォルフガング・ピーゼンドーファは、神経経済学が人間行動の説明に用いるような神経生理学的データは、そもそも経済学にとって無用ではないかと主張したのである。

グルとピーゼンドーファは、経済学は選択の学問だが、神経生理学的データでは、われわれ経済学者に興味のある仕方で選択を説明することができないと主張する。そこには、上述したような二つのアプローチの翻訳不可能性が横たわっている。

しかし、この経済論争を集大成した書物のなかで、アンドリュー・ショッターが述べるように、いくつかの可能な経済モデルが存在し、そこからもっともらしいモデルを一つ選択する際に、脳の賦活状態に関するデータを利用できる可能性はあるだろう。

たとえばオークションにおける行動の歪みをモデル化する際に、観察された行動を「勝ちたい」という感情に帰して説明するのか、「負けたくない」という感情に帰して説明するのかという二つの可能性があったとき、神経経済学的データはモデル選択に関する情報を与えてくれるかもしれない。

神経経済学は、純粋に自然科学的な手法を用いて人間行動を解明しようとするのだから、人間行動の科学的解明を大きく前進させるのではないかと期待する人も多いかもしれない。しかし、ことはそれほど単純ではない。脳はそれ自体がきわめて複雑なシステムであり、それの理解自体に多様な難問が立ちはだかるからである。

初期の神経経済学では、ある心的プロセスに関する機能を、脳の特定部位に単純に結び合わせる発想が強かった。これには、特定の機能が脳の特定部位と関連しているという考え方（脳のモジュール化仮説）がある時期まで、根強かったことが関係している。

しかし今日では、呼吸の制御のような比較的単純な機能であれば、脳の特定の部位に関連づけられるものの、意思決定のように高度な活動では、脳のさまざまな部位がネットワークとして作用していることが知られるようになってきている。しかも、同じ部位であっても、異なる機能に対応する異なるネットワークのなかで、異なる役割を果たすことの方が一般的であることが知られている。研究はまだまだこれからである。

さらに厄介なことがある。かつては、脳内の神経ネットワークの形成もまたDNAにコード化された遺伝子によって規定されており、同じ遺伝子を持っていれば同じように形成されて機能するだろうと考えられてきたが、近年では必ずしもそうではないことがわかってきた。遺伝子が発現するプロセスの制御に、環境が大きくかかわっているのである。

このような研究領域をエピジェネティクスという。たとえば、同じ遺伝子を持っているはずのクローンの猫なのに、毛並みがまったく異なるケースをどう捉えるか、といったテーマをエピジェネティクスは扱っている。またエピジェネティクスとは別の話だが、脳が損傷した際、それをさまざまな仕方で脳がカバーすることもわかってきた。脳は可塑的なのである。

これらは、単純に脳の活動を測定して、内部のメカニズムだけを見ていても、行動を十分に説明できない可能性を示唆している。神経経済学も脳内のメカニズムだけでなく、環境的要因、すなわち社会的・制度的要因を考慮しなければならなくなっている。もしかしたら、社会制度が異なれば、脳の働かせ方も異なるかもしれないのだ。

合理性はどこに行ったのか

行動経済学はしばしば、人間行動の不合理な側面を明らかにしたと言われる。しかし、ここで誤解してはならないのは、逆説的だが、行動経済学では必ずしも「合理性」概念は捨てられていないことである。完全に自然科学的アプローチをとる際には合理性は意味がなくなるかもしれないが、志向的アプローチを採用している場合には、合理性はベンチマークとして不合理性を定義しているのである。

行動経済学が発展するなかで、個々の研究者は合理性／不合理性を自らの研究のなかにどのように位置づけるかを常に考えてきたし、その位置づけの仕方は歴史とともに変化してきた。人間の意思決定を研究する心理学者の多くは、意思決定理論を「記述的」と「規範的」という二つに分けて考えてきた。彼らは、フォン・ノイマンとモルゲンシュテルンの期待効用理論は、合理的な人間であれば従うべき規範的理論であると考え、それが人間の現実的行動を測定する際の基準（すなわち記述的研究の基準）を与えるものと考えてきたのである。

この観点から見ると、カーネマンとトヴェルスキーの革命性はこうした参照枠組みから転換して、人間の現実行動を記述する際のベンチマークとしての役割から期待効用理論を外し、そこに彼ら独自のプロスペクト理論を据えたことにあると言える。しかし、この場合でも、記述的理論の部分こそ現実的に置き換えられたものの、規範理論の部分は明示的に変更されていないことに注意する必要がある。すなわち、規範的な意味では、期待効用理論は合理的理論として残っているのである。

先に述べた二重過程理論でも、合理的な部分はシステム2として保存されている。実験でミスをした被験者が、熟慮によって自分の回答の間違いに気づき、それを修正するという事実は、合理性という規範が強く作用していることを示しているのである。したがって、人間がしばしば不合理な選択行動をすることが明らかになったにしても、合理性が強い規範性を持っているのはなぜかという問いについては、何ら回答されていないことがわかるのである。

伊藤邦武《くにたけ》が明らかにしているように、実は人間の意思決定をどのように捉えるべきかという問題は、長い歴史を持っている。興味深いことに、それは、そもそも人間は不合理であるという事実の理論的探求よりも、どのような意思決定の仕方が「合理的」なのかを探求する歴史であった。

フォン・ノイマンとモルゲンシュテルンの期待効用理論が、この問いに真正面から取り組み、人類史的に見ても、かなり説得力のある回答を与えたことは間違いない。道具的合理性の正確な定式化に基づいた社会科学が花開いた後に、その合理性の仮定が問題視されている現代の状況は、ある意味では歴史的に例外的なものでもある。行動経済学は、人間の不合理性を明らかにすることによって、逆に人間にとってどうしても手放すことができない「合理性」への問いを際立ったものにしているように思われる。

新たな政策思想へ

行動経済学の知見の多くは、人間が自律的・合理的な存在ではなく、その意思決定が状況に大きく左右されるということを示している。たとえば、コンビニに入ったときに何を買うかが、陳列の仕方によって大きく影響されてしまうことは、われわれが日常的に経験しているだろう。このとき、人間の「操作されやすさ」を商業的に利用もできるが、社会にとって有用な仕方で利用しようという考え方も出てくるのは自然なことである。

二〇一七年にノーベル賞を受賞したリチャード・セイラーと憲法学者のキャス・サンスティーン（一九五四〜）は、人間がさほど合理的でないことを前提とした政策理論を提言している。それがリバタリアン・パターナリズムだ。例としては、彼らが用いている４０１k（確定拠出年金）の話がわかりやすいだろう。

企業年金のポートフォリオの選択は、初期設定（デフォルト）として提示されたものによって大きく影響されてしまう。これがデフォルト効果である。また、一回設定してしまうと、その後、頻繁に状況に応じた見直しをする人がほとんどいないこともわかっている。このような場合に、意思決定の環境を工夫して、低リスクのポートフォリオをデフォルトとして設定したうえで、自分で選択し直したい場合には、いつでも自由に変更できるようにしておいたらどうだろうか。

その人にとって何が望ましいのかを政府のような第三者が判断し、人々の選択を制限するべきだという考え方を「パターナリズム」という。これに対して、その人にとって良いことはその人自身がもっともよく知っているので、そのような制限は望ましくないという考え方も存在する。これは、もともと一九世紀イギリスで自由主義（リベラリズム）と呼ばれていた考え方で、政府の介入を極力小さなものにすべきだと考える傾向を持つ。しかし、二〇世紀に入って、これと正反対に福祉国家を推進しようという考え方がアメリカでリベラルと呼ばれるようになった。このため、もともとの意味の自由主義者の一部はリバタリアンという呼称を用いるようになった。

自由を尊重するリバタリアン的な考え方は特にアメリカのような国で根強い。上述したようなセイラーとサンスティーンのリバタリアン・パターナリズムの発想は、パターナリズムとリバタリアニズムの両者を両立させようということにある。この考え方で立案された政策は、デフォルト効果を勘案して初期設定を設定する点ではパターナリズム的だが、いつでも自分の好きな選択ができるようにする余地を残している点では、自由を尊重するリバタリアニズム的要素がある。

セイラーとサンスティーンの考え方は、もう少し一般的に「選択アーキテクチャ」や「ナッジ」というキーワードで説明できる。セイラーとサンスティーンは、人が選択する際の環境を、人の行動特性を考えたうえで注意深く設計することを「選択アーキテクチャ」と呼び、さまざまな場面でそのような発想を用いることを提唱している。このために利用できるのが、「ナッジ」である。ナッジというのは、もともとは「注意を引いたり、合図したりするために、肘で人を軽く突くこと」を意味する言葉であるが、ここでは選択環境がいわばナッジとして作用して、人々をより良い選択へと促すことが目指されるのである。

読者は、この発想の背景に、先に述べた二重過程理論があることに気づいたのではないか。つまり、放っておけば人間がシステム1により不合理な行動を選択してしまうことを前提にしたうえで、ナッジを使えば、システム2を発動させて合理的な行動へ導けるという発想である。システム1とシステム2という二重過程理論と、システム2が人間の合理性を反映しているという理論の構図は、望ましい政策を考える際に大いに役立っていることがわかるだろう。特に、人間にとって真に望ましい合理的選択があるという想定は外せないのである。

二〇一五年、当時の米大統領バラク・オバマは連邦政府に対して、人々の厚生改善のために行動科学の洞察を積極的に取り入れることを促す行政命令を発した。その背景に、以上述べてきたような行動経済学の知見があることは言うまでもない。このような動向が現代世界にとってどのような意味を持つのかについては、さらに最終章で考えることにしたい。

第5章　実験アプローチが教えてくれること

経済学で実験は可能なのか

長い間、経済学は実験的方法が有効でない学問分野であると考えられてきた。前章で、一九世紀半ばにジョン・スチュアート・ミルが、自然科学と異なり経済学では決定的実験が不可能だと述べたことに言及した。そして、すでに実験経済学の論文が多数出されていた一九八〇年の時点ですら、サミュエルソンの有名な教科書『経済学』には次のように記述されている（都留訳）。

われわれは化学者または生物学者がやるような統御された実験を行うことはできない。むしろわれわれは、天文学者や気象学者がするように、だいたいにおいて「観測する」ということで満足するよりほかないのである。（中略）さまざまに異なるいくつかの原因が同時に働いているため、緻密きわまる統計学的方法を使っても、われわれは、原因結果の本当の姿をつかめないということになってしまう。

ミルの発言から一〇〇年以上隔たっているにもかかわらず、実験が不可能であることに関する両者の発言は驚くほど類似している。

では、ミル、サミュエルソンが経済学では自然科学のような実験が不可能だと言っていたにもかかわらず、今日、経済学で実験が頻繁に行われているという事実は何を意味するのだろうか。

それは簡単に言うと、コントロールされた実験の手法に工夫の余地があったこと、そして経済学のなかに実験で明らかにできる何かが存在しているということである。今の時点から振り返るならば、彼らには彼らなりの実験と経済学の双方に対する考え方があり、それが現代経済学の状況と異なっているのだと言えるだろう。

おそらく彼らの頭にあったイメージは実験を通して、法則を発見するという自然科学のイメージである。サミュエルソンが挙げている化学、生物学とは離れるが、自然科学の実験のもっともステレオタイプなイメージは、ガリレオ・ガリレイが落体の法則を発見したとされているものだろう（ピサの斜塔からの落下実験は創作の可能性が高いようだが、斜面落下の実験は本当の話のようだ）。そこでは、コントロールされた実験を通して、法則が発見されるのである。

しかし、少なくとも現在の経済学における実験を見る限り、これと同じような法則発見を目的として経済学実験を行っているとは言えない。また、現在では経済学者の多くは、経済学において、自然科学と同じような意味での法則が見出されるとは考えていないのではないだろうか。第3章で述べたように、経済はシステム構成員の一人ひとりがシステムの行く末を予想しながら行動選択している複雑系であり、物理システムと同様の法則発見はかなり困難であって、今日では、経済学はさまざまな経済現象の背後にあるメカニズムを理解し説明することを軸に展開しているように思われる（この点は、最終章で再度取り上げたい）。

現在の経済学で実験的手法が現実に活用される仕方はきわめて多様であって、実験が法則の発見だけにかかわるものでないことは明らかである。たとえば、経済学における実験研究の第一人者ともいえるアルヴィン・ロス（一九五一〜）は、経済実験の目的の多様性を次のようにまとめた。

⑴理論家に語りかけること：実験でデータをとって経済理論の妥当性をテストし、それによって理論を修正したりすること。いわば最初に経済理論があっての実験とも言える。
⑵政策策定者の耳にささやくこと：どのような政策が望ましいか、あるいは、どのように制度を創ったらいいのかなどについて、それを考える実務家に実験結果を提供すること。
⑶事実の探求：現在あるような経済理論では予想されないような規則性を見出すこと。これは結局、第一点目の理論の探求につながるものかもしれない。

この分類はいかにもラフだが、使い勝手はよい。以下の説明でも、ロスによるこの分類を適宜用いたい。正確に言うと、この分類は実験室での経済実験についてなされたものだが、ここで述べられている多様性は実験室実験に限らず一般的な実験に対しても適用可能である。

本章では、このような多様性をできる限り統一的な視野のもとに置き、実験的手法を活用して経済的知見を得ようとする研究分野を包括的に「実験アプローチ」というタイトルのもとで扱いたい。

ここでの説明のなかには、たとえば、実験室における市場取引とゲーム理論の実験、実験室の外で行われるフィールド実験だけでなく、実験環境を理想としてそれに近づけるための手法の開発を目指してきた計量経済学の手法なども含まれる。通常、「実験経済学」と言われているものとは異なることをあらかじめお断わりしておく。

バーノン・スミスの市場実験

経済学者アルヴィン・ロスが述べるように、誰が最初の経済実験を行ったのかを確実に同定することは難しい。しかし、今日まで続く実験経済学の出発点としてよく引用されるのは、教科書にも掲載される「独占的競争の理論」で知られたエドワード・チェンバリンによる一九四八年の実験だ。彼はハーバード大学の授業で市場の実験を行い、その結果をもとに完全競争理論の妥当性を疑う主張を展開した。

後に実験経済学でノーベル賞を受賞するバーノン・スミス（一九二七〜）は、この実験への参加がきっかけとなって本格的な実験研究に乗り出したと言われている。スミスが行った実験もまたチェンバリンと同様に市場実験である。しかし、彼の研究の興味深い点は、チェンバリンのように、完全競争市場の理論への反駁《はんばく》を目的とするものではなく、理論モデルによっては扱えない論点を実験で明らかにしようとしたことである。

完全競争市場の理論には必ずしも、競争均衡がどのように達成されるかの理論は含まれていないが、仮想的な競り人が需要と供給を一致させる価格を模索していく「タトヌマン」と呼ばれるプロセスの説明で、それを補完しようという考え方がある。しかし、現実にはそのような競り人は存在していない。そこでスミスは、現実の市場のなかで、人々が時間を通して理論的均衡へと近づくためにはどのような条件が必要なのかを探ろうとした。

したがって、彼の実験の目的は単純に理論から導かれた仮説のテストにあったわけではなく、理論的予測がよく達成されるためにはどのように市場を組織化したらよいのかを発見することだったと言える。

その研究で、彼が理論をよくシミュレートするものとして発見したのが、今日実験で頻繁に用いられる市場取引の方式――「ダブル・オークション」である。これは、自分自身のコストや評価額しか知らない売り手と買い手の両方ともが希望価格を提示して、取引を行うという市場取引の組織化メカニズムである。

ここで、第4章で説明した図4-1を振り返っていただきたい。そこでは新古典派理論が、経済主体を合理的だと仮定することが市場メカニズムの探求にとって持つ意味を説明したのだが、ほぼ同じことはスミスの実験についても適用できる。

すなわち、スミスの研究目的はさまざまな市場取引方式に関する、競争均衡への収束スピードなどの点での比較にあったので、人間行動の部分については極力固定する必要があった。そして、完全競争理論の枠内で思考していたスミスは、被験者の選好をできる限り、完全競争理論で想定されているものに近づける必要があった。ここに実験環境のコントロールという問題が生じる。

スミスが被験者の選好をコントロールするために考えたのが、「価値誘発理論」である。これは、理論モデルで想定されているようなインセンティブをいかにして実験室のなかで被験者に対して創出すべきかを論じたもので、通常は良い実験のための十分条件を与える教訓として引用される。それは主に実験で被験者に与えられる報酬にかかわっている。スミスは異なる論文で異なるバージョンを示しているものの、基本的には次のような項目から成っている。

(1)非飽和性（non-satiation）：被験者がより多くの報酬をもたらす選択を行うようにすること

(2)顕著性（saliency）：報酬が適切な仕方で実現した結果と関連していること
(3)優越性（dominance）：報酬構造が、実験参加にともなう主観的コストのいかなるものをも凌ぐようになっていること
(4)私秘性（privacy）：各被験者は自分の利得の可能性に関する情報しか与えられないようにすること
(5)並行性（parallelism）：個人の行動や制度のパフォーマンスに関して実験室で得られた命題が、同様の条件が満たされた実験室外の経済においても通用すること

ここで、チェンバリンが行った実験に遡って、実験室での市場実験がどのように行われるのかを解説しておこう。第1章で、買い手は評価額を、売り手はコストをもって市場に参加していたこと、それがそもそも売買を行う動機となっていたことを思い出していただきたい。そこで、評価額がV円の買い手やコストがC円の売り手を実験室のなかで自由に創り出せるならば、さまざまな評価額とコストを持った被験者を創り出すことで、たとえば第1章の図2のような市場の状況を実験室のなかで実現できたことになるだろう。このためにどうするかというと、P円で売買取引が実現した場合に、買い手であれば（V－P）円の報酬を、売り手であれば（P－C）円の報酬を得るというように、各買い手や売り手に対して説明すればいいのである。

つまり、被験者ごとに個別の情報シートを配布して、被験者たちに異なるVの値（買い手のケース）やCの値（売り手のケース）を割り当てて、P円で取引した場合に報酬がそのように決まることを説明する。もちろん、第2章で説明したように、V＞Cのときに、その二つの値の間の価格で取引するときに限って、売り手も買い手も取引を行うことになるだろう。そして、パフォーマンスを検証したい取引方式ごとに、異なる仕方で売り手と買い手の取引を実現させるのである。

価値誘発理論に従うならば、こうして実現した利得が実験のなかで、被験者たちに明確なインセンティブを与えていなければならない。このことから、実験論文を専門雑誌に掲載しようとする場合には、実験者は被験者に対して、実験ルールで決められた報酬を現金で支払うことを実験に先立って明言し、実際にも現金で報酬を支払うという慣行が生まれている。

スミスが実験室実験に対してこのような明確な規範を設定した背景には、当時の経済学の状況も影響している。一九五〇〜六〇年当時といえば、第1章で解説したような完全競争理論の高度に数学的な研究が花盛りであったし、本章の冒頭で述べたように、経済学にとって実験研究は有効でないという先入観が強かった時期でもある。このようななかで、コントロールされた実験が可能だと強く主張する必要があったことは想像にかたくない。

スミスの実験経済学と行動経済学の微妙な関係

第4章で述べたように、行動経済学が経済学の一分野として確立するようになったのには、一九八〇〜九〇年代にかけて、セイラー、カーネマン、ワナーらが意識的に努力したことが大きかった。このときに、彼らが立ち上げたプロジェクトには、すでに実験研究で名を馳せていたバーノン・スミスも勧誘されたが、それを断ったようである。今日では行動経済学も実験経済学もどちらも実験をするわけだから、行動経済学と実験経済学とは蜜月の関係だと思われがちである。実際、外部から見るとどちらもほとんど同じようなものに見えるかもしれない。しかし実際には、それほど「仲がよい」わけではないかもしれない。

このことには、先にも述べたような実験の多様性がかかわっている。同じ実験的手法を用いているように見えたとしても、実際には実験の目的は多様であり、目的が違えば、それに応じて実験の手法も異なるだろう。また実験を通して得られた知見の意味づけも異なってくるのは当然である。先に述べたように、スミスの実験研究の目的は、経済主体の不合理性を明らかにすることに焦点を当てた行動経済学とは異なっているのだ。手法についても、カーネマンとトヴェルスキーの理論が比較的単純なアンケートをもとにしていたのに対して、スミスは被験者の選好をコントロールするための緻密な実験手法の確立に専心していた。

また、たびたび参照しているフーケロムによれば、スミスは自由市場の信奉者としてもよく知られていて、行動経済学の知見を政府の政策に積極的に応用しようとするセイラーとは政治的立場も異なっており、このことも行動経済学立ち上げプロジェクトへのスミスの不参加に影響しているようである。

興味ある読者は、たとえばスミスのノーベル記念講演やその書籍化されたものを読んでみると、言葉の端々に行動経済学に対する皮肉めいた態度が現われていることを発見できるから面白い。たとえば、彼によれば行動経済学は、これまでの標準モデルの仮定がほとんどどこでも成立しないことを示す「家内工業」であるが、「それは、その研究プログラムが、行動が標準モデルと異なる仕方を見出すためのあからさまに意図的な探索だったからだ」と言っている。

ゲーム理論における実験

ゲーム理論の実験もかなり早くから行われていたことが知られている。有名なものは、一九五〇年に当時のゲーム理論の拠点であったランド研究所で行われたメルヴィン・ドレッシャーとメリル・フラッドの「囚人のジレンマ」の実験だ(というよりも、むしろ、この研究によって「囚人のジレンマ」というゲームが発見されたのである)。

しかし、それはスミスのような厳格な経済実験の設計規範のもとに行われたものではなかった。彼らが行った実験は、一回限りのゲーム・プレーの結果に焦点を当てることを意図していたが、実際には、同じ人と同じゲームを繰り返してプレーする実験設計になっていたのである。現在使われている言葉で表現すると、「繰り返し囚人のジレンマ」と呼ばれるゲームの実験になっていたのだ。このことをジョン・ナッシュが鋭く指摘している。実験設計がいかに重要かを物語る逸話である。

ただ、ゲーム理論の実験研究が盛んになるには、まだ時間が必要であった。冒頭で引用したサミュエルソンの教科書が一九八〇年の時点で、経済学では実験が不可能と述べていたように、当時はまだ、スミスらの実験経済学も経済学界全体に受容されるほどのインパクトを持っていなかったと推測される。しかし、ほぼ同時期に経済学全体にゲーム理論が浸透するようになってから、このトレンドは変化する。実際、多くの事前準備が必要な市場実験と異なり、ゲームの実験はカジュアルなものであれば、きわめて容易に教室でも行えるので、ゲーム理論を教えるようになった経済学者の多くが実験に興味を持つようになったのも頷《うなず》ける。

ゲーム理論を題材とした実験には、市場実験とは若干異なる考慮が必要となることにも注意が必要である。第2章におけるゲーム理論の解説で明確には述べなかったことだが、通常、ゲーム理論では、プレーヤーたちの間でゲームの構造が「共通知識」になっていることが仮定されている。ゲームのルールが共通知識であるとは、たとえば二人プレーヤーのゲームを想定した場合、両者がゲームのルールを知っているのみならず、そのことを両者が知っていることを、両者が知っていることを、……と無限に続くことを意味している。したがって、ゲーム理論の実験を行う際には、ゲームのルールを共通知識にしなければ、理論が想定するような環境を実現できたことにはならないのである。もちろん、自分の利得のみならず、相手の利得についても知っていなければならない。

ここで、バーノン・スミスが良い実験の条件として「私秘性」を挙げていたことを想起していただきたい。私秘性をそのままゲーム理論に適用すれば、各人は自分の利得しか知らないようにする必要があるが、それではゲーム理論の実験を行ったとは言えないから、スミスの価値誘発理論はそのままの形でゲーム理論の実験には適用できないことになる。とはいえ、この私秘性を除外するならば、ゲーム理論の実験もほぼスミスの価値誘発理論に則って行われてきたといえるだろう。

スミスの市場実験が完全競争の理論を反駁するためのアノマリー（変則的事態）の発見に焦点を当てたものでなかったのとは対照的に、ゲーム理論の実験は、いくつかの有名なアノマリーの発見で、研究の推進力を得た。ゲーム理論が、ゲームでのプレーの仕方に対して与える理論的予測とは異なる行動選択が、重要なゲームで頻繁に観察されたからである。

ゲーム理論の実験でアノマリーとしてもっともよく知られている例を二つ挙げておこう。

一つ目は、公共財供給ゲームの実験である。この実験では、被験者全員に対してあらかじめ共通の一定額wを渡しておく、そのうえで、その額からどれだけを「公共財への拠出」へと差し出し、どれだけを「私的消費」としてキープするかを実験で意思決定してもらう（プレーヤーiの拠出額をc_iと書くことにしよう）。各人が公共財に拠出した額は全プレーヤーで合計されたうえで、一定の乗数mをかけて、全員に対して利得になって返ってくる。一方で、最初に私的消費にとっておいた分はそのまま自分の利得になると考えよう。総合的な効用は公共財から得られる利得と私的消費から得られる利得の合計になる。したがってciを拠出したプレーヤーの利得は$w - ci + m \times$（自分のciを含めた全員の拠出額合計）となる。ここで、公共財への拠出額の合計にかけられる乗数は、次の二つの条件を満たすように決められている。⑴各人にとっては、他人がどれだけ公共財に拠出するかにかかわりなく、まったく公共財に拠出しないこと（$ci = o$とすること）がもっとも得をする選択肢となる。⑵全員の利得の合計という「社会的」観点からは、全員が全額を公共財に拠出すること（$ci = w$とすること）がもっとも望ましい選択肢となる。

これは第2章で見た囚人のジレンマの多人数バージョンともいえるものである。囚人のジレンマでは、プレーヤーの数が二人で、各プレーヤーは「協力」か「裏切る」かという二択を迫られていた。しかし、ここではより多くの人数がプレーヤーであることと、公共財に拠出する額を連続的に選択できる点が異なっている。公共財に拠出する方向を「協力」の方向、拠出しない方向を「裏切り」の方向と考えれば、囚人のジレンマと同じく、自己利益のみを考慮するときには公共財に拠出しないことがもっとも得をする選択肢となるが、社会的には公共財に拠出した方がよくなるというゲームの構造になっているのである。したがって、このゲームのナッシュ均衡は、全員が公共財にまったく拠出しないというものである。

しかしプレーする相手をランダムに変えつつ（相手を固定しないため）、ある程度の回数繰り返して、このゲームをプレーしたときの典型的な実験結果では、最初は手持ち額のかなりの割合を拠出するところから出発し、回数を重ねるごとにその割合が小さくなっていくという結果になることが知られている（「過剰拠出と減衰」）。しかも、この結果は多くの実験で再現されていることも指摘しておきたい。ここでの実験は「事実の探求（予想されない規則性を探求すること）」という役割と「理論家に語りかけること（理論をテストすることから、修正することまで）」という役割の二つを同時に果たしている。

もう一つは最後通牒ゲームである。これは第2章で導入した言葉を用いれば、プレーに順番のある二人ゲームで、最初に、w円を与えられたプレーヤー（これを「提案者」と呼ぼう）がそれを二人の間でどのように分割するかを提案する。次にこの提案を見たプレーヤー（これを「応答者」と呼ぼう）が提案を受容するか、拒否するかを意思決定する。提案を受容した場合にはパイは提案者の提案通りに分割され、拒否した場合には、両者とも何も受けとることができない。このゲームを後方帰納法で解くと、提案者が最大額（wまたはそこから最小単位を引いたもの）を自分が取るように提案をし、応答者はそれを受け入れるという予測が得られる。つまり提案者がほとんどを自分のものにし、応答者はほとんど何も得られない。

しかし実験してみると、もちろんこのような結果にはならない。多くの場合50：50に近い提案がなされて、それを応答者が受容するのである。また、提案を拒否することになるケースの割合もかなりのものだ。応答者に少額しか分けないような提案は、受け入れた方が明らかに得になるにもかかわらず、応答者によって拒否される傾向にある。

このゲーム実験の結果は、少し面白い。ゲームはアメリカ、イスラエル、ユーゴスラビア（当時）、日本の四つの国で行われたが、アメリカとユーゴスラビアの実験では提案の最頻値は50：50であり、イスラエルと日本ではそれは60：40であった（つまり、提案者は自分に少し有利な提案をする）。そこで、文化の違いが反映するのではないかと推測することが自然であろう。そのためマッカーサー財団の支援を受けて、人類学者と経済学者がコラボレートして、より広いサンプルをとって実験を試みた。対象は文化的に大きく異なる五大陸にまたがる一二ヵ国の一五の小社会で、狩猟採集社会、焼畑農業を行っている社会、遊牧民の社会等々が含まれている。結果は、第一に、四つの国で実施した実験のときよりも、ゲームのプレーの仕方に大きな変動が観察されたことである。提案は自分の取り分が四分の一から二分の一を超えるものまでさまざまであった。第二に、50：50の結果が観察されがちな社会は、経済組織の平均規模が大きい社会や市場取引に晒《さら》されている度合いが高い社会だった。

このようなゲーム理論実験における価値誘発理論の役割は逆説的なものである。価値誘発理論が処方している規範に従って、理論通りのインセンティブを被験者に与えるべく、厳密に実験環境を設計したとしても、理論とは異なる結果が生み出されてしまうという意味で、それは実験結果に説得力を与える要因として作用しているからである。ここから、ゲーム理論の実験は、前章の行動経済学と同じく、理論的予測と異なるこのような結果をいかに説明するかという方向へと舵を切ることになった。

そこから登場したのが「社会的選好の理論」と呼ばれるものである。すなわち、各プレーヤーが単純に利己的・合理的に行動しているわけではなく、他のプレーヤーの利得をも考慮するような選好を持ってゲームをプレーしているというモデルによって、実験結果を説明しようとするアプローチである。しかし、社会的選好の理論にも利他心、公平性、不平等回避等々の諸説が存在し、それぞれが競合している状況であり、決定打はいまだに存在していない。むしろ、どのモデルの説明力が高いのかは、ゲームが表現している文脈が分配問題になっているのかどうかなど、文脈依存的なものになっているように思われる。

また、第2章の終わりでも触れたマーケット・デザインという分野は、経済学の知見を用いて、これまで歴史的に存在しなかったような市場を設計するという野心的目標を掲げているが、この分野でも実験室実験は役立っている。たとえば気候変動問題を解決するために設けられた二酸化炭素の排出権市場は自然発生したものではなく、経済学者が設計したものである。それが現実政策として使用されるためには、さまざまな実験を行い、結果を精査することによって制度設計を鍛える必要がある。当然のことながら、実験室実験が行われる必要があるのだ。そこでの実験の役割は、「政策策定者の耳にささやくこと（政策策定プロセスへのインプット）」に分類できるものだろう。

メカニズムの検証から政策へ

これまで見てきた実験は被験者を実験室に集めて行われる実験室実験である。実験室で実験を行う理由は、実験環境を理論モデルに近づけるために、かなりのコントロールができるメリットがあるからだ。

ここで、多少の例外はあるにしても、実験室実験は概して現実がどうなっているのかを問おうとするものではなかったことを想起しておきたい。実験室実験で問われていた問いは、現実よりもむしろ理論モデルに関連する問題だった。バーノン・スミスの場合であれば、完全競争理論の予測がどのような条件で再現可能なのかという問いが問われていたし、ゲーム理論の実験の場合には、均衡概念が与える理論的予測との関係において、ゲーム的状況での人間行動を調べようとしていたのである。

たとえば、先に、最後通牒ゲームで50：50という提案と分割の仕方が頻繁に見られるという実験結果を紹介したが、この結果を知らされても、提案者がほとんどすべてを取るはずだという理論的予測を知らなければ、何の興味も引かないだろう。このように、理論に深くかかわる実験室実験は概して、冒頭のアルヴィン・ロスの言葉を用いれば、実験結果によって「理論家に語りかけること」（理論のテストや修正）である。

では、ロスが他の実験目的として挙げていた「政策策定者の耳にささやくこと（政策策定プロセスへのインプット）」や「事実の探求（予想されない規則性を探求すること）」についてはどうだろうか。大雑把で直観的な言い方になるが、ここでは、より現実に近い環境での実験が構想される必要があるだろう。しかも、政策に役立てるとなると、一定の政策介入がきちんと因果的に作用して結果をもたらす必要がある。因果関係の確立が重要な課題となってくるのである。

ここで登場してきたのが、「証拠に基づく政策」というアイディアである。証拠に基づく政策は、一九九〇年代初頭にイギリスやアメリカで勃興した「証拠に基づく医療」の運動に起源を持っている。その動機は、経験や勘といった「ソフト」な証拠ではなく、より「ハード」な証拠に基づいた体系的医療を提供すべきという考えにある。イギリスの医学界では、さまざまな証拠のランクづけを行っているが、そこでもっともハードな証拠を提供するものとされているのが、「ランダム化比較試験（RCT：Randomized Controlled Trial）」である（以下、RCTとして言及する）。

図5-1をご覧いただきたい。典型的なRCTでは、被験者をランダムに二つのグループに分割する。被験者をランダムに割り当てる理由は、二つのグループを統計的な観点から見て、同一にするためである。そして、一方のグループには処置（treatment）を行い、他方のグループには行わない。前者をトリートメント・グループ、後者をコントロール・グループと呼ぶ。ただし、コントロール・グループには別の処置を行う場合もあるし、医薬品のテストの場合には、効果のないことが知られているプラシーボ（偽薬）を与えることもある。こ

の実験をさらに厳密にするためには、参加者だけでなく、処置を管理する人さえもどちらのグループが処置に相当し、コントロールに相当するのかがわからないようにする「二重盲検法（double-blind method）」という方法が用いられる。これは、実験者が処置の効果を期待することが、被験者に知らず知らずのうちに影響してしまう可能性（「実験者効果」）を排除するためである。

この方法は、ジョン・スチュアート・ミルが「帰納的方法の基準」のなかで「差異の方法」として析出していたものの確率的バージョンである。すなわち、ある一つの要因においてのみ異なり、その他の要因はすべて同じである二つの状況を比較し、その後に他の要因（結果、効果）が異なることが観察されたならば、二つの状況間で異なるようにした要因が、もたらされた結果の原因とみなされるということである。今日のRCTでは、二つのグループ間の効果の相違は統計的手

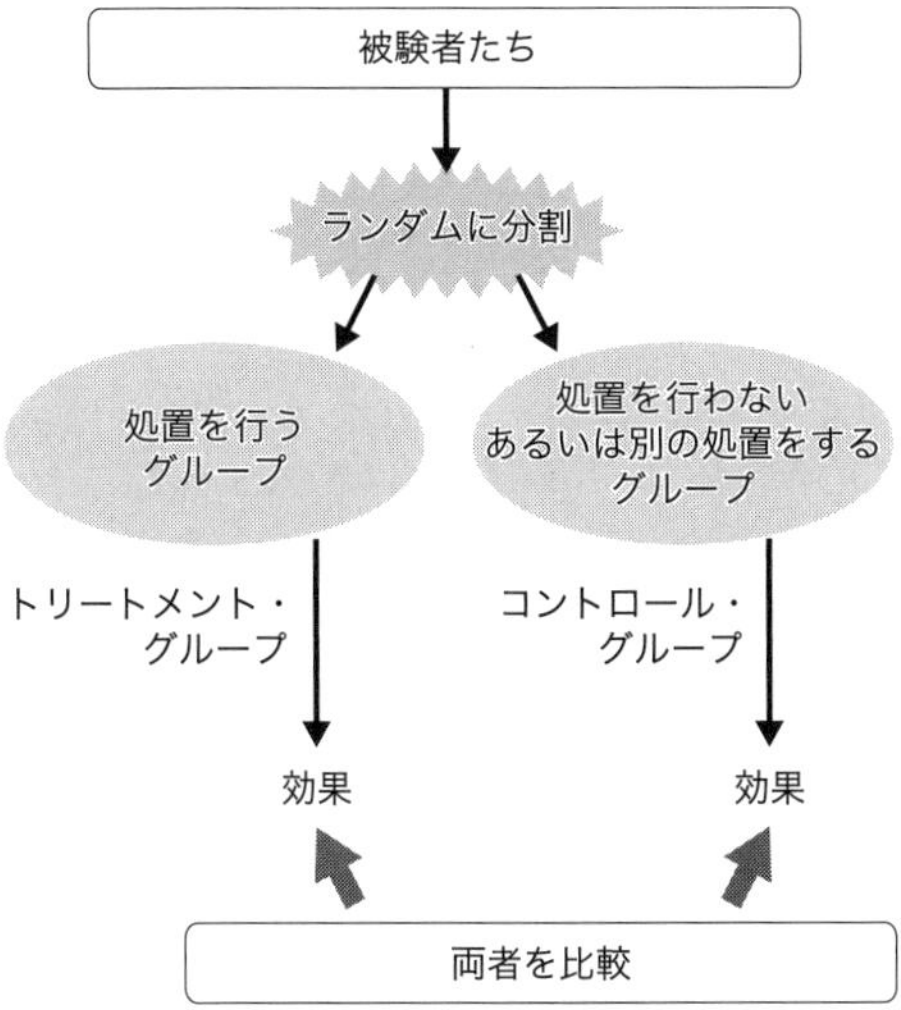

図5-1　RCT（ランダム化比較試験）

法を用いて処理される。

理想的に行われたＲＣＴは、因果効果を抽出するための「究極の判断基準（gold standard）」であるとみなされている。しかも、この方法の特徴は、原因が結果を生み出すメカニズムの詳細に踏み込むことなく、一般的に適用可能な点にある。経済学のモデルは、しばしば複雑で、原因と結果とを結びつけるメカニズムに関する詳細な知識を要するし、仮定そのものが疑わしい場合もあるが、ＲＣＴではメカニズムはいわばブラックボックス化されており、そのような心配は必要ないからである。

この方法は、ＭＩＴ（マサチューセッツ工科大学）のエスター・デュフロたちによって開発経済学へと持ち込まれ、多大な成果を挙げてきた。その成果の一端は、すでに『貧乏人の経済学』や『善意で貧困はなくせるのか？』などの邦訳書によって知られている。ＲＣＴの導入は、開発経済学の研究方法を、そもそも開発援助は有効か否かといった大問題を安楽椅子に座って計量的に研究する方法から、特定的・具体的な政策の有効性を現場に入り込んで調査する研究方法へと転換させた。

大きな成果を挙げたものとしてもっともよく知られた例は、ハーバード大学のマイケル・クレマーとカリフォルニア大学バークレー校のエドワード・ミゲルがランダム化比較試験を使用して行った寄生虫駆除薬の効果の調査である。寄生虫駆除教育を施しても寄生虫感染率に効果がない一方で、寄生虫駆除薬の無料配布は感染率を低下させるばかりでなく、児童の学校出席率に大きな効果があることを発見したのである。その他、マラリヤ防止のために、防虫剤を塗布した蚊帳を無料で配布するのと、有料で購入させるのとで、どちらの方が実際の使用に効果があるのか（無料の方が実際に使用されることがわかった）、その後の購買行動にどのような違いが生じるのか（無料でもらった方がその後、二つめを購入する可能性が高まる）といった問題の研究など、多くの有用で実践的な研究結果が続々と生み出されている。

しかし、このような方法に批判がないわけではない。これまでに多くの論点が提出されているが、ここでは「外的妥当性」（external validity）と、「一般均衡効果」（general equilibrium effect）の問題を挙げておこう。

外的妥当性とは、特定の実験で得られた結果が他の環境でも同様に成立することを指す。この性質は、先に述べたバーノン・スミスの実験室実験に関する教訓では、「並行性」と呼ばれていたものである。このように、外的妥当性の問題は実験室実験にも同様に問題となることである。しかしＲＣＴの場合、さらに大きな問題となる可能性がある。というのは、ＲＣＴは得られた結果に対してどのような因果メカニズムが作用しているのかに関する情報がほとんど得られないからである。とすれば、他の地域で同様の結果が得られることに関して推論を行う余地がほとんどなくなってしまうだろう。

一般均衡効果とは、少数のサンプルで行ったＲＣＴで得られた結果に基づいて、ある政策を拡張していった場合に、もとのＲＣＴで得られた結果が成立しなくなってしまうかもしれないことである。たとえば、アメリカでは学校のクラスの大きさに関するRCTが行われた結果、少人数クラスの方がより大きな教育効果が得られることがわかっているが、その政策を全米に拡張しても同じ結果が得られるかどうか、という問題を考えてみよう。小さなサンプルで実験したときには、トリートメント・グループでもコントロール・グループでも教師の質はコントロールされているはずである。しかし、少人数のクラスを全体に拡張したとき、十分な教師の質が得られなくなる可能性があるだろう。その結果、教育の質はかえって低下してしまうかもしれないのである。

フィールド実験

以上見てきたように、今日では実験が経済学全体に甚大な影響を与えていることは明らかである。今やそのインパクトは実験室実験や開発経済学におけるRCTに限定されない。しかも、RCTの基本的アイディアをもとにしたさまざまな「実験研究」の波は、経済学のみならず、政治学・社会学等を含む社会科学全般を吹き荒れているといってもよい状況である。RCTと後に解説する統計的因果推論とが社会科学者全体に強力な共通言語を与えていることに注目して、一部の学者のなかには、社会科学全体の革新を論じる人もいる。

経済学のなかでは、ジョン・リストたちによってフィールド実験という分野が立ち上げられたことが重要である。これに関しても、すでに一般書が邦訳されている（たとえば、ウリ・ニーズィーとジョン・リストの『その問題、経済学で解決できます。』)。フィールド実験とは完全にコントロールされた実験室実験ではなく、より自然な環境で実験を行うことを意味している。もちろん、すでに解説したようなRCTもフィールド実験のなかにカウントすることができる。

しかし、RCTも含めて「フィールド実験」という言葉で括《くく》られるようになってきた背景には、そもそも実験を一般的に、RCTのところで説明したような因果関係の抽出のための手法とみなしてしまおうというアイディアがある。そこには、今まで解説してきたような経済学内部での流れとは相対的に独立して、しかし経済学にも甚大な影響を与えるものとして、統計的因果推論という革新的分野が勃興してきたことが影響している。リストはこの枠組みをもとに、経済実験一般を因果関係抽出の観点から包括的に見通そうとしているのである。

統計学を学んだことがあれば、「相関関係は必ずしも因果関係を意味しない」、そして、「統計データで因果関係を捉えることは難しい」と教えられた経験があるだろう。あるシステムが与えられたときに、そのシステムに作用している因果関係を把握するためには、受動的に得られたデータを観察するだけでは一般的に不十分であり、実際に介入した結果を観察する必要がある。前者の受動的に観察されるようなタイプのデータを「自然発生的データ」(naturally occurring data)、後者のように介入して得られるタイプのデータを「実験データ」と呼ぶ。統計データで因果関係を捉えるのが難しいと思われていたのは、これまではほとんどの場合に自然発生的データを念頭に置いてきたからである。ところが、実験的介入があった場合に何が起こるかというモデルを理想状態としながら、因果関係を把握できるような手法を開発していく統計学研究が大きな成果を挙げるようになってきた。それが一九七〇年代のルービン因果モデルである（すでにイェジ・ネイマンが一九二〇年代に開発していた手法が基本であるため、ネイマン＝ルービン・モデルと呼ばれることもあるようだ）。

別の言い方をしてみよう。因果効果の抽出のためには、ある集団や個体に対して処置を行ったときの結果と行わなかったときの結果の両方を観察して比較する必要がある。だが、われわれが現実世界のなかで観察できるのは、処置をしたときの結果か処置をしなかったときの結果かのどちらか一方でしかない。これが因果効果の測定を困難にする「因果推論の根本問題」と呼ばれるものである。

したがって、処置を行ったときの結果と行わなかったときの結果の差＝因果効果を調べるには、事実では起こっていない状況（反事実的状況：counterfactual）における結果を何らかの工夫で創り出す必要がある。RCTの場合には、被験者たちをトリートメント・グループとコントロール・グループにランダムに割り当てたうえで実験的介入を行うことで、処置を受けた人たちに観察される結果と、処置を受けた人たちと統計的には同じ性質を持つ人々が処置を受けなかったときの結果を見ることが可能になっている。本書では詳細を解説しないが、近年よく目にするようになった操作変数法、傾向スコア・マッチング法、差分の差分法

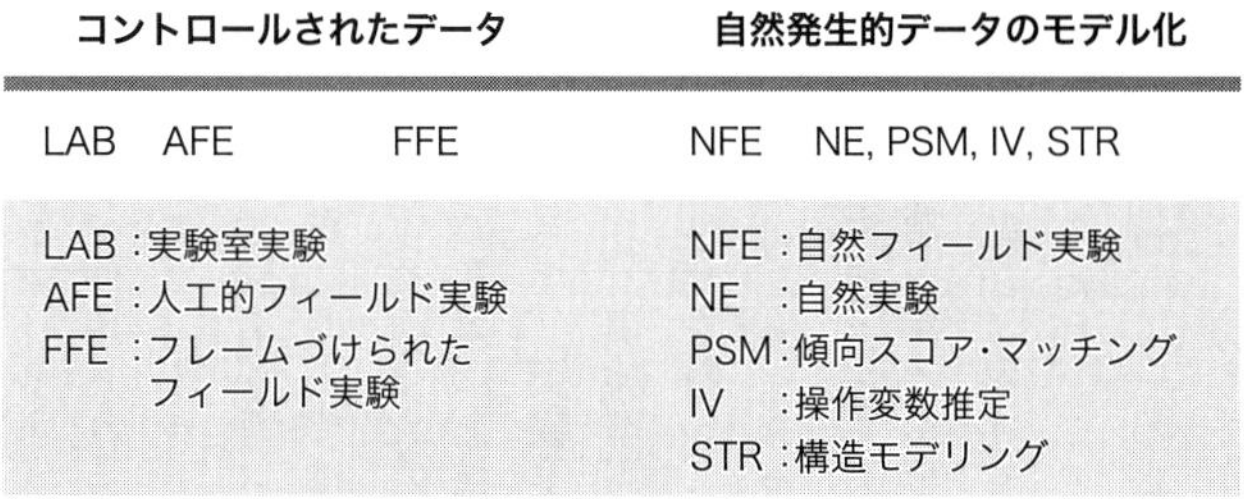

図5-2　さまざまな「経済実験」（List 2006）

などは、自然発生的データに「実験」の発想を読み込み、反事実的状況のデータを創出することで、因果関係を抽出しようとする工夫のいくつかである。

このような観点から、ジョン・リストは経済学における実験全般を直線的に並べる図を示している。

図5-2の上の方で水平に引かれた線は、データのコントロールの度合いを示しており、左の極端には実験室実験が、右の極端には自然実験、傾向スコア・マッチング、操作変数推定、構造モデリングなどが位置している。そして、その間にフィールド実験がある。図中にある人工的フィールド実験というのは、ほぼ実験室実験と同じだが、被験者の集団をより現実に近い人たちにして実験を行うものである。

実際、たいていの実験室実験は大学生を被験者として行われているが、たとえばオークションの実験を考えるとき、プロでも同じような行動をとるかどうかが問題になるだろう。人工的フィールド実験は、たとえば被験者集団をプロにすることで、より「現実的」な結果を得ようとするものである。フレームづけられたフィールド実験というのは、実験室実験と同じ程度にコントロールされているものの、実験で使用される財、被験者に利用可能な情報などが現実世界と近いものに設定されている。自然フィールド実験では、実験環境は実験室を離れて現実世界（フィールド）となる。ただし、被験者がランダムにトリートメント・グループとコントロール・グループに分けられている点については変わらないとされる。この定義では、開発経済学のRCTの多くはこのカテゴリに入るだろう。

リストの考えによれば、この図の中央部に位置しているフィールド実験は、外的妥当性の問題に関して、実験室実験で得られたデータと自然発生的データとの橋渡しを行うものである。つまり、実験室実験で得られた結果が現実に近い状況でも成立しうるのかどうかを、その中間的性格を持っている実験で確かめることができると考えている。

たとえば、カーネマンたちの実験によって、明らかにされてきたものの一つに「所有効果」(endowment effect) という現象がある。第1章で解説したように、買い手はある財に対して評価額を持って市場取引に入るが、これはその人がその財をどのくらいに評価しているのかを金銭額で示すもので、その財に最大限いくら支払ってもよいと思うかという額でもあった。そのため、この額は、WTP (Willingness to Pay) とも呼ばれている。売り手の側はコストを持っているとしたが、コストの額は、最小限いくらであれば手放してもよいかという額なので、売り手がこの財をいくらと評価しているのかを示している。この額は、WTA

（Willingness to Accept）とも呼ばれている。

同じ人であれば、その財をすでに持っているときでも、あるいは購入する機会を与えられたときでも、その財に対する評価は変わらないはずである。しかし、さまざまな実験において WTA＞WTP という傾向が観察されることが報告されてきた。ところがフィールド実験を行うと、この傾向は、市場での経験度合いが増すにつれてなくなっていくという結果が得られる。まさに外的妥当性の検証になっている。

経済学にとって実験とは何か

リストが提示している枠組みは、経済学で行われている実験の一般的・本質的意義を捉えようとするきわめて野心的なものである。この枠組みの特徴は、実験を因果関係の把握という観点から一元的に捉えようとするところにある。そして、因果関係の把握は、外的妥当性と直結すると考えているようである。しかし、本章で辿ってきたさまざまな経済実験で目指していることを一元的に因果関係の抽出に帰着させようとすることは、やや一面的なのではないかと筆者は考えている。

ここで本章の冒頭で述べた問いに戻ることにしたい。つまり、経済学にとって実験とは何なのか、どのような役割を果たすのかという問いである。

まず外的妥当性という問題が先鋭な仕方で提起されるのが、ある意味では社会科学に特有のことだと注意しておきたい。物理学実験のことを考えよう。物理学の場合、成功した実験で見出された規則性は、当然実験室の外でも成立することが期待されている。これは、物理学では自然界を貫く法則があり、それは実験室の内部でも外部と同様に成立するのが当然だと考えられているからである。わざわざ実験を行うのは、無関係な条件をできるだけ除いて、規則性を見出しやすくするためである。

しかし、人間行動が実験の対象となる社会科学だと、そうはいかない。人間であれば、実験が行われている環境と外の環境を異なったものと認識するだろうし、それぞれで異なる行動を選択することがむしろ自然とも言える。したがって、実験環境とその外部では環境が異なっているのであって、実験結果が実験環境の外部で広範に成立することを求める外的妥当性は、ある意味で過大な要求とも言えるのだ。

では、実験が社会科学では無意味かと言えば、そうとも言えないだろう。まず、リストの図の左側の端にある完全にコントロールされた実験室実験を行う意味はどこにあるのかを考えてみよう。実験と聞くと、実験と現実との間に成り立つ関係を発見するものと思われがちだ。しかし、実際にここで行っているのは、理論で想定されている通りのメカニズムがあるのかどうか、理論通りにならないとすれば、どういう点なのかをチェックすることである。

注意すべきは、経済学者が展開する理論が、必ずしもそのままの形で現実に成立していることを想定しているわけではない点だ。たとえば、第2章で説明した逆選択の理論を想起していただきたい。この理論モデルは、世の中に質の良い中古車と良くない中古車が存在しており、売り手と買い手に非対称情報が存在するときには、市場が失敗する可能性があることを示していた。しかし、この理論は「だから現実世界では中古車市場は存在しない」とか、「中古車市場では質の良くない中古車しか出回らない」などと主張しているわけではなく、情報の非対称が存在するときに作用するはずのロジックあるいはメカニズムを明確に示しているのである。教室実験で、この理論で主張されているような環境を創出して実験すると、理論の予測通りのことが起こる。この例が意味するのは、実験室実験は直接的に現実世界と対峙するのではなく、むしろ理論と対峙しているということなのである。

次に、リストの図のなかの右端に置かれているものに注目しよう。現実に近い環境で実験を行うならば、外的妥当性の問題は緩和されるだろう。だが、理論で想定しているようなメカニズムが作用する力について言明できるような結果を得ることは困難となる。ただ、その代わりに、RCTのような厳密な実験設計を行うならば、因果関係についての強い言明が可能となるのである。

以上のことを考慮しつつ、リストの図式を若干修正したのが、図5－3である。上部の横線は実験環境が理論と現実世界のどちらに近いかを示している。ここでは、一方で、理論モデルの検証と高い外的妥当性が一つの軸となっており、他方でメカニズムの理解という目的と因果関係の理解という目的がもう一つの軸となっている。これら二つの軸が直交して描か

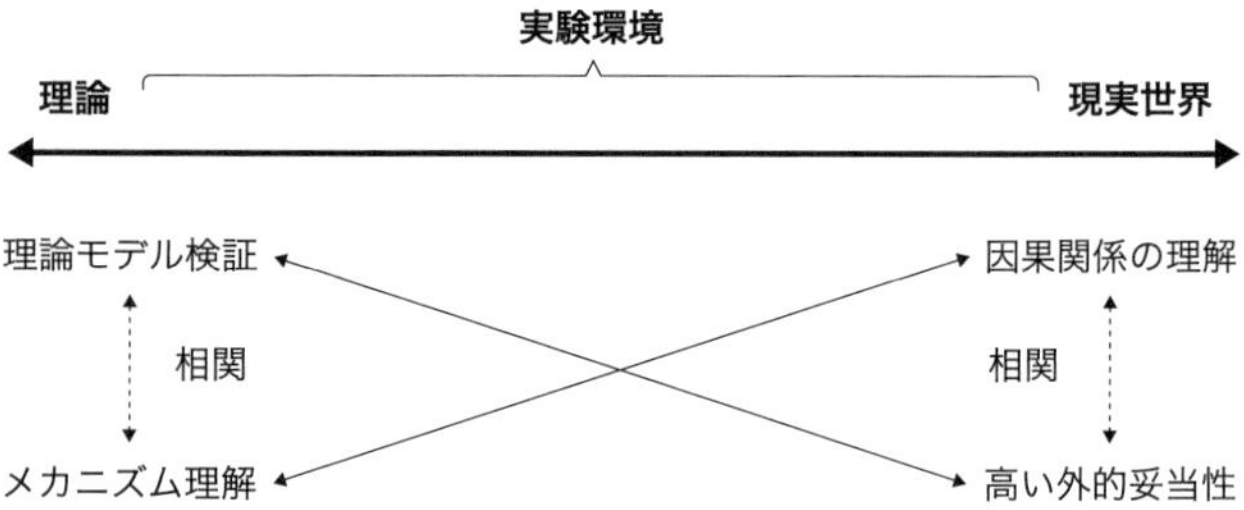

図5-3　実験室実験とフィールド実験

れていないのは、実験環境が理論に近いか現実に近いかに規定されて、二つの軸がかなり強く相関しているからである。

　ここでの議論はわかりにくいかもしれないので、くどくなるかもしれないことを承知のうえで、もう少し説明してみよう。経済学にとって実験とは何かという問題は、経済学にとって理論とは何か、理論と現実との関係はどうなっているのかということにかなり関係している。この大問題については、筆者自身、明確な回答を持っているとは到底言えない。しかし本章で述べてきたことは、理論、現実、実験の関係がもしかしたら、かなり複雑かもしれないということである。

　比較的広く受け入れられている考え方では、理論は現実と対峙しており、理論の与える予測が現実に当てはまるのかどうかを実験でチェックできるというものだろう。しかし、ことはそれほど単純ではない。理論があっているのかどうかを確かめるためには、実験室における実験環境のように、現実とはかなり異なる環境を構築しなければならないのである。そこで確認されているのは、現実世界でそのまま妥当するかどうかというよりも、理論で想定されているロジックやメカニズムが確かに作用しているのかどうかという「メカニズムの理解」なのである。

では、メカニズムは現実とどのような関係にあるのだろうか。メカニズムがそのまま現実世界で成立しているのならば、ある意味で、実験によって理論の現実妥当性が検証できるという元の描像に戻ることになるのだが、実際にはそうではない。先に挙げた逆選択の例が示すように、メカニズムはそのままの形で現実世界で発生していることを「予測する」ということよりも、現実世界でも作用しているだろうロジックを明らかにすることに意味があるように思えるのである。理論モデルが解明するメカニズムでは一部の関連する要因しか考慮されていないので、それ以外の多様な要因が同時に作用している現実世界のなかで、メカニズムのなかで作用していることがそのままの形で実現するとは限らないように思われる。

たびたび述べてきたように、二〇世紀を通して、科学哲学は論理的経験論の強い影響を受けてきた。論理的経験論では、疑いえない基礎的事実を演繹的・論理的に積み上げて知識を獲得していくという描像が強く働いており、科学哲学もそうした把握が比較的妥当しているように見える物理学に多くの例をとって考察を展開してきた。しかし、生物学のような複雑なシステムを扱う科学を対象にしたときに、科学に対するこのような理解に多くの限界があることに、多くの人々が気づきはじめている。生物学だけでなく、経済学の研究のあり方も物理学研究とは大きく異なるものである。

本章の冒頭で、実験を法則発見的なものと考える思い込みについて触れたが、このような見方もまた、物理学を範例とした科学のあり方を大前提としているように思われる。しかし本章で見てきたように、経済学での実験手法の活用は、その目的も手法も多様であって、単純に法則発見的なものと規定することはできない。これは単なる憶測でしかないが、もしかしたら、将来は逆に経済学での研究のあり方が物理学での研究のあり方を再考するうえでの範例になるかもしれない。

経済学を範にとって、モデルとは何か、メカニズムとは何か、実験とは何か、因果関係とは何かを考察することが、科学哲学一般の発展にとっても大きな貢献となりうる状況にあるのだ。この点については、最終章でもう少し、筆者の考えを展開することにしたい。

第6章　制度の経済学

制度の重要性

これまで、二〇世紀後半以降の経済学の流れのなかで生じてきた数々の革新的な出来事について説明してきた——ゲーム理論の浸透（第2章）、それに伴う人々の信念や期待の重要性の認識（第2章、第3章）、リアルな人間行動の分析への取り組み（第4章）、実験的手法の活用（第5章）である。

これらと並んで、経済学が市場以外の制度の分析へと対象領域を明確に拡張したことも、この間の経済学におけるもっとも革新的な出来事の一つに数えることができるだろう。すでに現代の経済学では、市場に限定されない意味で、「制度が重要である」（institutions matter）という言葉が一般的になっている。本章では、「制度の経済学」を取り上げる。

ところが、以前の経済学をあまり知らない読者にとっては、「制度が重要である」ということは、当たり前のように思えるかもしれないので、制度がどのような意味で、われわれの経済学の知見を拡張しつつあるのかを、あらかじめ少し具体的に説明しておきたい。

これまでの市場メカニズムの理論では、需要と供給が一致する状態に注目するときに、取引がどのようになされるのかについては、あまりきちんと説明してこなかった。別の言い方をすれば、財・サービスとお金が交換されて取引が完結するものと単純に考えて、取引の前後で何が生じるのかを問題にしてこなかったとも言えるだろう。

しかし実際には、取引の事前、中間、事後のそれぞれの段階で、経済学的に興味深いさまざまな問題がある。たとえば、取引の前に生じる問題としては、取引相手を探すこと、財やサービスの品質を調べること、取引相手が信頼できるかどうかを調査することなどがある。複雑な財やサービスの取引の場合には、財やサービスのスペックや価格に関する交渉が、取引の途中（中間段階）で行われる可能性がある。そして取引が行われた後に、取引内容の履行をめぐる紛争解決の問題などが発生するかもしれない。

このように視野を広げてみると、これまで市場メカニズムの理論では、財・サービスの品質が標準化されていて、財・サービスと金銭との交換にまつわる問題がほとんどなく、交換とともに取引が完結するような単純な財・サービスの取引だけを考えてきたと言ってもいいだろう。本章で取り上げる制度の経済学では、こうした単純なタイプの財・サービスの取引だけでなく、取引を契約とみなし、契約にまつわる問題を分析することで、もっと複雑な財・サービスにまつわる問題まで分析対象を広げることができるのである。

もう少し具体的に、複雑な取引の例を挙げてみよう。たとえば金銭貸借という金融取引は契約書を交わして終わりというものではない。事前の段階では、お金を借りる人の信用度の調査が必要だし、事後的には、お金を約束通りに返済してくれるかどうかが問題となる。貸す側についても、約束したときよりも早い返済を迫らないか（バブル崩壊後には一時、「貸し剝し」という言葉が流行ったことがある）等々の問題があるだろう。

さらに重要なのは、これらの事前・中間・事後段階の諸問題から発生しうる損失を回避するために、社会には多くの仕組みが設けられているという認識である。たとえば、クレジットカードの利用で一度返済が滞ると、その情報は他のクレジットカード会社にも共有される仕組みがあることは、読者も知っているだろう。そうすることで、一つのカード会社の返済が滞った人が、他のカード会社に乗り換えても同じことを繰り返せないようになっている。

簡単に言えば、こうした仕組みが「制度」であり、現代経済学はこうした非市場的な制度がどのように市場メカニズムを補完し、その機能を支えているのかということに注目するようになったのである。

以上のように市場取引を支えるさまざまな制度の分析が進めば、制度の概念を一般化して、市場をそのなかの一つとみなす観点が出てくることになる。二〇〇九年のノーベル賞は、「経済的ガバナンス」の領域を確立した貢献に対して、エリノア・オストロムとオリバー・ウィリアムソンに授与された。

ここで経済的ガバナンスという言葉が意味しているのは、われわれが経済活動を繰り広げるうえで利用される制度のことで、そこには市場だけでなく、企業組織や、政府部門といったものが含まれている。すなわち、さまざまな取引はその取引の持つ性質に応じて、異なるガバナンス様式（＝制度）のもとで行われるのが効率的であり、実際そのようになっているという認識が背景にある。このように、「制度が重要である」ということには、市場以外の制度の持つ意味やその働き方に関する新たな認識が含まれているのである。

ここまで説明してきたことは、二〇〇九年のノーベル賞の発表とともに公表された文書の冒頭部分がきわめて簡潔に伝えてくれている（拙訳）。

伝統的には、経済理論は概して市場の理論であり、より正確に言うと、市場価格に関するものであった。しかし、経済科学が価格理論を超えて拡張すべき理由が少なくとも二つ存在する。

第一に、市場は、適切な契約が定式化されて、それに実効性が付与されなければ適正に機能しないということである。したがって、市場をサポートする諸制度を理解する必要がある。第二に、経済活動のかなりの部分が市場の外側で——家計、企業、団体、政府機関の内部で——行われていることである。したがって、われわれはこのような実体がなぜ存在し、どのように作用しているのかを説明する理論を必要とするのである。

以下ではまず、制度への関心がどのようにして経済学のなかで復興してきたのかを説明することから始めたい。次に、ロナルド・コースとウィリアムソンの洞察がいかにして制度分析の道を切り開いてきたのかを説明し、それがゲーム理論と結びついて「契約と組織の経済学」という分野を確立したことについて見ていきたい。インセンティブ契約の理論については、若干の批判的コメントも加えることにする。ここら辺までが、制度が現代経済のなかでどのように機能しているのかに関する「制度の経済学」であり、経済学者であれば誰もがその重要性を認めるオーソドックスな内容だと言ってもよいだろう。

本書では、少しだけその先に進みたい。ひとたび制度に注目するようになると、制度がどのように発生し、維持され、そして変化していくのかという問題に関心が向けられるようになった。ここから、契約や組織の機能のみに注目する制度分析とはやや異なる制度の経済学が登場してきた。

本章では、このうち進化ゲームという手法を用いて制度の発生を説明しようとする理論と、各国で異なる制度が進化を遂げることの意味を考える比較制度分析について説明する。制度の歴史的発生、維持、進化については、経済史家ダグラス・ノース（一九二〇～二〇一五）が行ってきた研究がきわめて重要だが、これについては、「経済史と経済理論との対話」という観点から、次章で取り上げることにしたい。

制度への関心の復興

ここで、現代経済学が本格的に制度分析を対象とするようになった経緯を概観しておこう。経済学はもともと制度に対する関心と強く結びついた学問であった。たとえば、アダム・スミスの著作には端々に制度への関心が表明されている。しかし二〇世紀に入り、第1章で説明した新古典派経済学が市場メカニズムの解明を強力に推し進める過程で、市場が、経済学が対象とするほとんど唯一の制度となっていった。これはイデオロギー的な歪みの結果であるというよりも、新古典派的な市場理論が目覚ましい成果を次々と挙げつつあった当時の状況では仕方のないことであったかもしれない。しかし、もちろん重要な例外もある。『有閑階級の理論』などで有名なソースティン・ヴェブレン（一八五七〜一九二九）は、当時の主流派経済学に抗して、人間の経済活動を歴史的・社会的活動として捉える観点を保持して消費行動や営利活動の分析を行った。制度、意識、習慣、進化といった概念を駆使した分析は、当時支配的だった社会進化論の影響さえ取り除けば、十分に今日的観点からの再読に耐えるものである。

一九世紀末から二〇世紀初頭にかけて発展したヴェブレン、ジョン・コモンズ、ウェズリー・ミッチェルらの制度を重視した経済学は、今日では制度派経済学と総称されている。しかし制度派経済学は、当時の主流派経済学の圧倒的なパワーの前に、それほど大きな影響力を行使できなかったと言えよう。

それでも、すでに一九三〇年代後半には、むしろ新古典派経済理論のロジックの内側からその理論的矛盾を鋭く提示することで、企業組織を市場と並んだ研究対象にすべきという提起がなされている。先述の二〇〇九年の経済ガバナンスに対するノーベル賞の授与に先立ち、一九九一年にノーベル賞を受賞したロナルド・コースの天才的な洞察である。コースは、市場取引にもコストがかかるという見方を提示し、同じ取引を企業組織の内部で行ったときにかかるコストと比較することで、その取引が市場で行われるか、企業組織のなかで行われるかが決まるという考え方を提示した。一九七〇年代以降に、この分析枠組みを具体的事象の文脈において研究してきたのがオリバー・ウィリアムソンなのである。このコースとウィリアムソンの流れが、今日まで続く制度の経済学の復興につながったと言ってよいだろう。

ウィリアムソンの企業理論は必ずしも数学的に定式化されてはいなかったが、具体的な現象の背後にあるメカニズムをきわめて明確に描いたものであった。そのため、一九七〇年代後半以降になると、そのロジックをゲーム理論の言葉を援用しながら表現する分野が立ち上がっていく。こうして、一九八〇年代には制度の経済学はゲーム理論と幸福な結婚をする。この結果、生まれてきたのが「契約と組織の経済学」と呼ばれる分野で、企業のガバナンスの仕組み――コーポレート・ガバナンス、経営者や従業員の報酬スキーム等々――から、企業の規模がどのように決まるのかという企業境界の問題まで、多くの新たな研究が行われるようになった。

ダグラス・ノース

ウィリアムソンとほぼ同時期に、独立して制度分析の重要性を指摘していたのが、経済史家のダグラス・ノースである。ノースの制度への着目は、コースやウィリアムソンとは異なり、歴史的観点からのものである。ノースは、「西欧世界が勃興する一方で、なぜ他の諸国がその機会を逃がしてしまったのか」という問いを突き詰めて考え、新古典派理論を突破した。彼の回答は、財産権を制度的に確立したことが西欧諸国勃興の鍵となったというものである。以来ノースは、制度と制度変化の説明に一貫して取り組むことになる。彼については、次章で詳しく取り上げよう。

ちなみに、コース、ウィリアムソン、ノースの三巨頭は共同して、一九九七年に第一回大会を開催した国際新制度派経済学会（ＩＳＮＩＥ：International Society for New Institutional Economics）の創設にかかわり、経済学の内部に新制度派という新たな流派を立ち上げて、そのプレゼンスの確立に尽力した。同組織は、さらに多くの研究者の参加を得て、二〇一五年より制度と組織の経済学会（Society for Institutional & Organizational Economics）と改称して活動を行っている。

いくつかの時代の流れが、制度分析への関心の高まりを後押しした点も指摘しておく必要がある。

第一は、一九七〇～八〇年代にかけて、アジアの新興工業経済地域（NIES）の台頭が顕著となり、これらの国に通底するメカニズムを分析する必要が生じたことである。新古典派経済学の基本的な考え方では、政府が経済発展に対して果たす役割はきわめて限定的だ。市場介入をできるだけ小さくし、財政赤字を解消すべきというのが、経済発展の軌道に乗れず、資金援助を必要とする途上国に対しても一様に処方される基本的政策だった。しかし、台頭したアジア諸国では政府が「産業政策」（特定産業に対して保護などの名目で資源配分上の介入を行う政策）などの形で、市場と補完的な積極的介入を行っていることが観察されていたので、新たな枠組みでその理由を問う必要が生じてきたのである。

第二に、一九八〇年代前半には、アメリカ経済の没落と対照的に日本経済が台頭しているという認識が広がり、同じ資本主義諸国でも、制度の相違がパフォーマンスを分けているのではないかという問題意識が生じたことである。さらに、当時は、ソ連や東欧社会主義の経済的衰退が誰の目にも明らかになりつつあり、従来、冷戦体制下で「資本主義vs.社会主義」あるいは「市場vs.計画」という枠組みでなされていた比較体制論がその歴史的意義を失いつつあった。このことが経済学者の目を、むしろ資本主義諸国間の制度的相違へと向けさせたとも言えるだろう。従来の経済学では、市場理論はどの国でも同じように通用するものと考えられているが、実際には、アメリカ経済のあり方こそ、理論が思い描くような経済にもっとも近いものであると考える傾向があった。対照的に、日本経済は不純物の固まりを抱えた後進的なものとみなされがちだったのである。しかし、この見方では新たな事態の把握が難しくなった。これが、後に説明する比較制度分析にもつながっていく。

そして第三に、一九七〇年代後半の中国の改革開放、一九九〇年以降のソ連・東欧社会主義国の解体と市場経済への移行という壮大な社会実験がわれわれの目の前で繰り広げられたことである。この「実験」は、それまで市場を支える諸制度を整備してこなかった国々がいかにして市場経済へ移れるのかという「移行経済」の問題として、制度分析の格好の材料を提供した。

このような大きな潮流のなかで制度の経済分析が蓄積されるとともに、冒頭に紹介した「制度は重要である」という格言が一般的になっていったのである。

コースとウィリアムソンが切り開いた道

すでに述べたように、今日の制度の経済学へと引き継がれるアイディアの起源は、ロナルド・コースのもの——一九三七年に執筆された「企業の本質」——である。この論文でコースは、市場が価格を通じて資源配分を実現するメカニズムであるという主流派の基本的洞察を受け入れつつ、企業組織が市場メカニズムとは別の、独自の資源配分メカニズムを構成していると主張した。

たとえば、企業内部における予算を通じた運営や人材異動などは、企業家の権限によって行われる「計画」による資源配分であると言える。当時の経済学は市場が資源配分にとりわけ長《た》けていると考えて、市場メカニズムの分析に集中していたのだが、もしそうならば、「計画」に基づく企業組織が現実に存在することはどのように説明されるのだろうか。つまり、市場とは別個の資源配分メカニズムとしての企業組織が市場経済のなかに発生するのはなぜなのかという問いである。

コースはこの問いに回答するために、市場取引にも取引に伴うコストがかかると考えた。企業組織が行っていることを、すべて市場取引に置き換えたと想像してみよう。このときには、組織に属している一人ひとりが市場取引の主体として現われることになる。このような状況と比較すると、企業組織があることで締結すべき契約数が削減でき、取引のコストを削減する可能性があるとコースは言う。今日の言葉で一般的に表現するならば、取引にかかる費用（取引費用）の存在を指摘し、同じ取引が市場制度を用いて実現されるか企業組織で実現されるかは、取引費用の大小関係に帰着すると考えたのである。一度、取引費用の比較という観点を獲得すると、企業規模がどのように決定されるのかなど、今日にまで続く、さまざまな一連の問いが生じてくるが、これらの問いもすでにコースによって提起されている。

コースが制度の一般理論を提起するというよりも、企業組織という特定の制度の問題を提起したことは、その後の経済学の展開にとっても非常に幸運であった。二〇世紀の大半は大企業が経済活動に大きな役割を果たすようになった「見える手」（経営学者アルフレッド・チャンドラーの主著のタイトル）の時代であり、企業組織の理解は、市場と並んで現代経済の理解にとって欠かせないものとなったからである。

ハーバート・サイモンは、火星人が社会構造を見通せる特別な望遠鏡を持って、地球にやってきたときの状況を想像している。この望遠鏡では市場取引は赤い線で企業組織は緑の領域で見えるという。それを市場経済に向けたときのことを考えてみよう。多くの人はこのとき「緑の点を結ぶ赤い線のネットワーク」が見えると想像するかもしれないが、実際には火星人は「赤い線によってお互いにつながれた緑の大きな領域」と記述するだろうとサイモンは言う。実際、賃金は企業内で決定されていると言えるが、雇用者所得は今日のGDPの七〇%ほどにものぼっている。企業組織内部で行われる取引の規模は相当大きいのである。

新古典派経済学では、企業は市場のなかで利潤を最大化する経済主体として捉えられており、それ自身が利害を異にする成員から構成される組織を持つという観点からの分析を行ってこなかった。これは、広がりを持たない点が質量を持っていると考える物理学のモデル——質点——にも比肩しうる理想化かもしれない。別の言い方をすると、生産要素を投入すれば、効率的に生産物が生産されて出てくるブラックボックスとして企業を見てきたのである。しかし、コースに触発された経済学は、企業組織の内部構造という、それまでブラックボックスだったものを開いて分析することに取り組んできた。

組織には、株主と経営者、経営者と従業員といったように、基本的には利害関係を異にしている構成員が存在している。一九八〇年代以降、利害関係を異にするプレーヤー間の相互作用（インタラクション）を研究するゲーム理論が利用されるようになって、企業組織のさまざまな構成員間の関係の記述ができるようになった。これがブラックボックスを分析できるようになったことの意味である。基本的な利害関係は異にしていても、報酬システムを工夫することで、利害関係を部分的に一致させることは可能だろう。

たとえば、株主は株価の上昇に関心を持ち、経営者はできるだけ楽をして多くの報酬を得たいと思うかもしれないが、経営者の報酬を株価に連動させるようにすれば、両者の関心は部分的に一致することになるだろう。そのような制度的工夫としての契約の分析が、ゲーム理論を用いて大きく発展するようになったのである。しかしながら、契約理論はゲーム理論の単なる応用とは決して言えない。実際、契約理論の発展を支えてきた発想方法やセンスは、ゲーム理論とは無関係のものであって、ゲーム理論は記述の言葉を提供してきただけとも言えるのである。

さて、少し先回りをしたが、コースの問いと回答が抽象的なものであったのに対して、その発想を引き継いで、具体的状況の文脈で取引費用の中身を特定化し、データを用いた経験的研究が可能なものに発展させたのが、オリバー・ウィリアムソンの「取引費用経済学」である。おそらく彼のもっとも独創的なポイントは、(1)不完備契約と(2)関係特殊投資という重要な概念を経済学に持ち込んだことだろう。これらの概念は、決してゲーム理論から出てくるものではないのである。

不完備契約とは、事前に詳細な契約を書いておくことが現実には難しいために、契約が穴だらけのものとなってしまうこと、したがってその契約に完全な実効性を持たせることが難しいことをいう。この概念が持つ重要な意味を理解するには、その反対に、事前にすべての起こりうる事態をあらかじめ想定し、そのときの行動を決めて記述した完備契約があり、さらに、そこに含まれている条項が適用されるべきか否かがすべて裁判所で判定できるようになっていると想定してみるのがいい。このときには、所有という概念は意味を持たなくなってしまう。

今、企業Aと企業Bがそれぞれ機械Cと機械Dを所有して取引を行っているとしよう。このとき、現在行っているような機械の利用の仕方をすべて詳細に契約に記せて、それに違反すると罰金を払わなければならないとすれば、両企業が統合して同じ会社の別部門となったとしても、完備契約を書くことで、現状と同じことができるはずだ。むしろ、両企業が統合することで、現状よりも良い結果ができるときにはそのようにすることができるならば、そうした方がいいだろう（これを「選択的介入」という）。

この論理を適用していけば、世界のすべての会社は、ついには一つの企業に統合されてもよいはずだ。現実にそうなっていないのは、契約の完備性を前提とした、このような「選択的介入」が不可能だからだ。そして、資産の所有権というのは、契約の不完備を前提として、契約に書かれていないことが発生したときに、所有権者がその資産の使用方法を決めておくという社会の知恵なのである。

また、関係特殊投資とは、取引相手に対してしか価値を持たない投資を指す。たとえば、取引している組立加工企業の特定の製品のために、部品供給企業がその製品にしか意味を持たないような特殊な機械を設置するようなことである。このような投資がひとたびなされて機械が設置されれば、契約が破棄された際、他の企業の製品のために使用できない。

互いに取引を考えている二つの企業を考えてみよう。この企業が独立したままで取引を継続するのか、一方の企業が他方を統合するのかが、企業の規模ないし企業の境界の問題に直結していることは容易に理解できるだろう。今、この二つの企業が長期にわたる複雑な取引を行っており、その関係を規定する詳細な契約を書くコストが非常に高いと考えよう（不完備契約の状況）。また、片方の企業は相手企業に対してしか価値を持たないような関係特殊投資を行うことで、両者の間により多くの準レント（二社の総利益の合計）がもたらされる状況にあると考えよう（ここではわかりやすくするために、一方のみが関係特殊投資をすると考えている）。これはたとえばトヨタのような組立加工企業と傘下の部品供給企業の間に典型的に発生する状況である。

二つの企業が取引関係に入る前の「事前」の段階では、企業同士は完全に対等な関係にあると言える。しかし、契約が不完備である場合、関係特殊的な事前投資を行った後に、結果として得られた大きな総利潤をめぐって事後的交渉が生じる可能性が高くなり、投資を行った企業は不利な立場に陥る。というのは、すでに投じた関係特殊投資は取り返せないし（これを「サンクしている」という）、その投資は現在取引している企業以外の企業との取引には役立てられないため、投資をした企業は足元を見られて、相手に交渉力を行使されてしまうからである。

投資の内容が複雑で、裁判所に契約通りの投資を行ったかどうかが判定してもらえないような状況では、きちんと契約を書いておいたつもりでも、それが実効性を持たないかもしれないというところに、契約の不完備性が効いてくる。このように、事前には対等な関係が、事後的に、互いに交渉力を行使できるようなロック・インされた関係へと変質してしまうことを、ウィリアムソンは「根本的転換」と呼んでいる。契約の不完備性と関係特殊投資の組み合わせが生み出す事後的交渉が損失を生む要因となる。彼は、このようなコストが高い場合には、企業同士が統合を行い、取引を単一の企業境界の内部で行うことによって損失を削減できると考えた。こうして、ウィリアムソンは取引が複雑で、（物的・人的）資産が強く関係特殊的であるときに、統合が望ましくなるという、データによって検証可能な仮説を提出したのだ。その後の経験的研究は大方、この仮説の正しさを立証している。

この理論は、後にサンフォード・グロスマン、オリバー・ハート、ジョン・ムーアたちによってゲーム理論の言葉を用いてフォーマルに定式化され、企業境界の問題に対して「財産権アプローチ」と呼ばれる考えを生み出した。その基本モデルは、上述したウィリアムソンのストーリーにきわめて近いものである。

不完備契約の理論

グロスマン、ハート、ムーアらのモデルの基本的流れを改めて記述すると、以下のようになる。

(1)両企業は詳細な契約を書くことのできない不完備契約の状況にある。
(2)取引関係に入ってから、両企業はコストのかかる関係特殊的投資を行う。この投資はサンクされて、取り戻すことのできないものである。
(3)この投資の結果として準レントの大きさが決定するが、その後、契約の不完備性のために、その分け前をめぐって事後的交渉が行われる。

この流れを図示したのが、図6－1である。ここでは、自分が関係特殊的事前投資を行っても、それによって両者の間にもたらされる準レントの増加分が交渉によって相手のものになってしまう状況がモデル化されている。事後的にレントの分配をめぐる再交渉が発生する

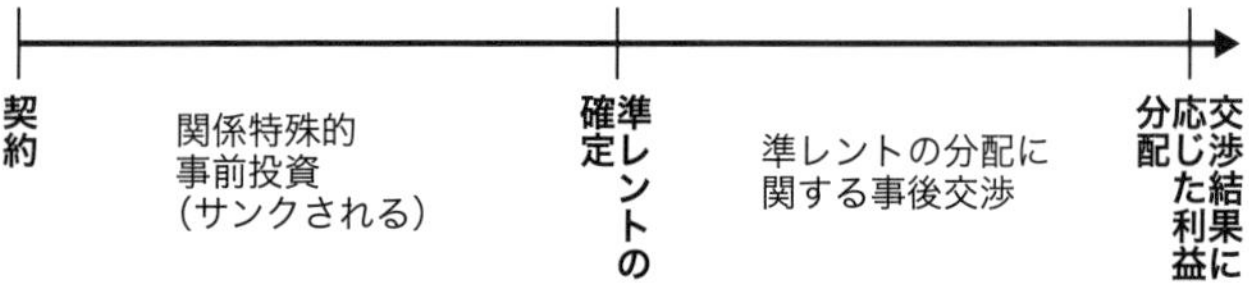

図6-1　ホールドアップ問題

ことを予見するならば、事前投資をすべき企業は、両者の利得の合計という観点から見て、望ましい水準よりも小さな関係特殊投資しか行わなくなってしまうだろう。このように、事前投資が小さくなる（場合によってはまったく行わない）影響の問題を「ホールドアップ問題」と呼ぶ。このモデルが明らかにしているように、ホールドアップ問題は、不完備契約の状況と関係特殊的投資が組み合わさるときに鋭く表面化するのである。

この分析は、企業境界の問題にどのように関係するのだろうか。ここで両方の企業が関係特殊投資を行っており、それぞれの投資が準レントに寄与する度合いには差があると考えよう。A企業をその関係特殊投資が準レントに対してより大きな寄与をする企業、B企業をもう一方だとする。このときには、準レントに大きく寄与する投資を行うA企業のもとに統合した方が、A企業の関係特殊投資を行うインセンティブが高くなり、両企業の利潤の合計がより大きくなるだろう。

つまり、(1)A企業、B企業が別個、(2)A企業がB企業を統合、(3)B企業がA企業を統合という三つの選択肢のなかでは、(2)がもっとも効率的な結果をもたらすことになる。お互いに効率的な結果を分けあうことで、両者ともが現状よりも利得を高めることができるだろうから、⑵のような企業境界が実現することになるだろう。

このように、契約を書いたとしても、それが不完備になるという洞察をもとにしてモデルを創ることで、他にも多くの興味ある結果が得られている。二〇一六年にノーベル賞を受賞したオリバー・ハートの受賞理由は、この不完備契約の理論を展開したことである。

契約に、ある条項を書き込んでおいたとしても、その条項が適用されるべき事案が発生したかどうかが裁判所によって判定されなければ、その条項の意味はないだろう。たとえば、この後すぐ見ることになる従業員の報酬契約においては、たとえ真に重要なことが従業員の努力を引き出すことであったとしても、努力水準そのものは契約に書いておいても意味がない。

このように、契約に書かれた変数が裁判所のような第三者によって立証可能であるかどうかということを「立証可能性」というが、不完備契約のアプローチにおいてはこのことが重要なポイントになる。さらに、なぜ契約が不完備になってしまうのかということには、そもそも人間存在の合理性に限界があるということも関係している。こうしたことを理論的に説明しようという研究も行われている。

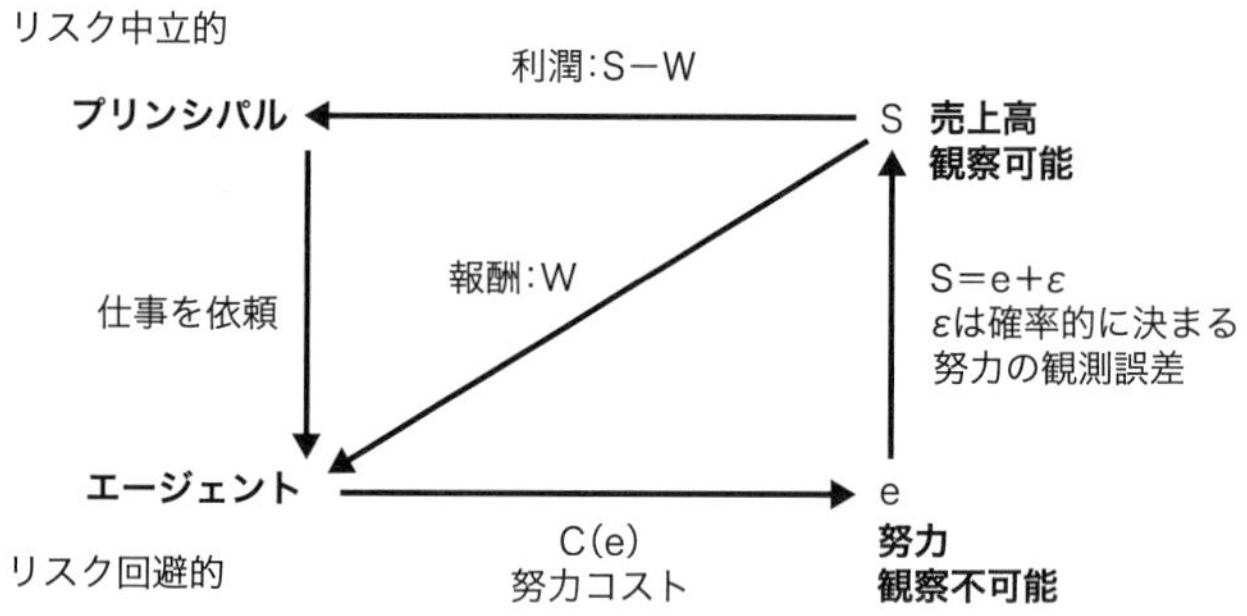

図6-2　プリンシパル・エージェント問題

インセンティブ契約の理論

その他にも、契約と組織に関する洞察とゲーム理論を組み合わせて定式化された分析は多数ある。ここでは、もっともよく知られているプリンシパル・エージェント理論を取り上げよう。

図6-2をご覧いただきたい。これは、プリンシパル（依頼人）がエージェント（代理人）に仕事を依頼する状況をモデル化したものである。エージェントが仕事を遂行するには、コストのかかる努力を行う必要があるので、プリンシパルはエージェントに一定水準の努力をしてもらいたいと思っている。しかし、一般に努力水準は観察できないので、立証不可能であり、それを直接契約に書き込めない。しかし、努力をすれば業績（図中の「売上高」）が生み出され、それが観察される。

業績は、努力に対して確率的にしか連動していないが、立証可能であると考えられるので、契約に売上高に連動した報酬を書くことはできる。このときに、エージェントに対する報酬スキームをどのように設計すべきかという問題を考えるのである。まずは、プリンシパル＝経営者、エージェント＝従業員と考えて以下の説明を読んでいただきたい。

ここでは、エージェントの努力水準が見える理想的状況ならば、プリンシパルとエージェントの両者にとって最適な水準の努力（すなわち、両者の利得の合計を最大にする努力水準）をあらかじめ計算しておき、その水準の努力が観察されたときにのみ報酬を与え、そうでないときには罰金を支払わせることで、最適な状況が達成可能である。しかし先に述べたように、努力そのものは観察することが難しい。したがって、不完全な仕方ではあっても努力に連動し、観察可能・立証可能である業績に応じた報酬を設計する以外にない。

ここで、業績がわかったとしても、努力と成果の結びつきは確率的なものでしかないので、成果に対応する努力がピンポイントでわかるわけではないことに注意しておこう。成果に応じた報酬が一次式で記述されており、たとえば$w = \alpha + \beta S$のような形をしていると考えよう。ここでSは業績（たとえば売上高）、wは賃金報酬である。αの部分は業績に無関係に決まる賃金報酬の一部であり、固定給部分とみなせる。βは賃金報酬がどの程度業績に対して感応的かを示すインセンティブ強度である。

このモデルでは典型的には、プリンシパルはリスク中立的、エージェントはリスク回避的であると仮定される。リスク中立的というのは、同じ期待値をもたらすクジであれば、無差別となるような選好を持つことを意味し、リスク回避的であるとは、同じ期待値をもたらすさまざまなクジのなかでは、その期待値を確実に得られるようなクジをもっとも選好することを意味している。たとえば、確率二分の一で一〇〇万円、確率二分の一で〇円というようなクジの期待値は五〇万円なので、五〇万円をもらうことと、もとのクジとでは賞金額の期待値は変わらない。リスク中立的な経済主体であれば、このどちらも無差別であり、リスク回避的な経済主体であれば、確実に五〇万円もらう方を好むのである。

ここでエージェントが選択する努力水準が事前に一定の水準に固定されているような仮想的状況を考えよう。そうすると現在考えている報酬設計の問題は、努力水準の問題から切り離されて、εという確率項によって変動する成果をリスク中立的経済主体とリスク回避的経済主体の間でどのように分割すべきかという「リスク・シェアリングの問題」になる。第2章で解説した不確実性下の意思決定の理論では、この状況の場合、リスク回避的主体であるエージェントの利得は成果の確率的変動にかかわりなく一定にしておき、変動リスクはすべてリスク中立的なプリンシパルが負うようにするのが望ましいことが知られている。

しかし、プリンシパル・エージェント・モデルではエージェントの努力次第で成果も大きくなるように、このリスク・シェアリングの問題が修正されている。このとき、エージェントの努力にはコストがかかるようになっているので、その報酬を成果にかかわりなく一定水準に固定してしまうと、エージェントはまったく努力をしなくなってしまうだろう。ある程度の努力を引き出すには、報酬を業績に依存したものにする必要がある。

しかし、このことは、リスクをエージェントにも負わせるということを意味している。先述のリスク・シェアリングの観点からは、リスク回避的なエージェントにあまりリスクを負わせるべきではない。すなわち、この問題はリスク回避的エージェントにあまりリスクを負わせない方がいいというリスク・シェアリングの問題と、ある程度のリスクを負わせなければエージェントには努力をするインセンティブがなくなってしまうというインセンティブの問題との間で、トレードオフを解く形になっているのである。

これを逐次手番のゲームで表現すると、次のようになる。

⑴プリンシパルが報酬スキームを提案する
⑵報酬スキームを見てから、エージェントは努力水準を決定する（このとき、エージェントがこの雇い主を離れて外部に機会を求めるという選択肢を設けておくのが通常だが、ここでは省略する）
⑶成果が確定し、報酬スキームに従ってエージェントとプリンシパルの利得が決定する

このような分析で得られる結果を述べると、⑴なるべく努力を正確に反映した業績指標を採用すべきであること、⑵業績指標が努力水準の観測に関して大きな誤差をもたらすようなものである場合には、報酬スキームのインセンティブ強度βを小さくした方がよいこと、⑶

エージェントのリスク回避の度合いが大きいときや、努力水準を上げるときの負担がエージェントにとって非常に大きいときにも、インセンティブ強度βを小さくした方がよいことなどである。

これは、いわゆる成果主義賃金の背景となった考え方で、ビジネス・スクールなどでは必ず教えられている。

本節で解説した理論は、二〇一六年のノーベル賞の対象である。先に述べたオリバー・ハートとともに受賞したベント・ホルムストロームは、プリンシパル・エージェント理論を展開したことが受賞理由である。

インセンティブ契約の理論への批判

プリンシパル・エージェント理論はまた、コーポレート・ガバナンスの中心的理論とみなされてきた。コーポレート・ガバナンスとは、株式会社（法人企業）の統治を意味する。会社は株式を所有する株主のものであり、経営者は株主の業務委託を受けて経営を行っていると考えれば、一見して株主がプリンシパルで経営者がエージェントであるとモデル化して、プリンシパル・エージェント理論を適用するのが自然のように思われる。

こうして、経営者のインセンティブ報酬を設計することで、もともとは株主と利害を異にする経営者を株主利益に沿った仕方で振る舞わせる仕組みとして、プリンシパル・エージェント理論がコーポレート・ガバナンスの柱とみなされるようになった。会社経営者はもっぱら株主の利益のために行動すべきであるという「株主価値説」が、コーポレート・ガバナンスの立場である。一九九〇年代の金融のグローバル化のなかで、この思考法が世界的に広がり、グローバルな収斂傾向が見られるにつれて、世紀の変わり目には、ヘンリー・ハンスマン（エール・ロー・スクール）とライナー・クラークマン（ハーバード・ロー・スクール）による「会社法の歴史の終わり」というタイトルの論文まで出版されたほどである。

成果主義報酬の考え方といい、コーポレート・ガバナンスの株主価値説といい、比較的単純でわかりやすいので受け入れられやすいものの、このような見方が経済学界を完全に覆い尽しているかというと、そうとも言えない。詳述は避けるものの、たとえば、過度の成果主義的動機づけに対して、次のような心理学からの批判があることは古くから知られてきた。金銭的報酬という形で外的に動機づけすることは、しばしば、仕事そのものに対する興味という内的な動機づけを弱くしてしまうという、心理学実験の結果である。

ロラン・ベナブーとジャン・ティロールは、この現象を経済学のモデルにしたうえで、短期的には外的動機づけが作用するものの、長期的には悪い結果をもたらす可能性があることを主張している。ティロールは多作の理論家なので、この業績は彼の研究全体のごく一部をなしているにすぎないが、二〇一四年にノーベル経済学賞を受賞している。

また、コーポレート・ガバナンスをプリンシパル・エージェント理論に基づいて論じることに対しては、異論も多い。ここでは、岩井克人《かつひと》による反論を説明しておきたい。

岩井によれば、単に営利企業を意味する「企業」と、法人という形態をとる「会社」という二つの概念を区別しておくことが根本的に重要である。法人としての会社はモノとして所有の対象となるという側面と、ヒトとして契約主体になるという側面からなる二重構造を持っている。モノとしての側面は、株主が株式を所有していることによって表わされている。法人のヒトとしての側面は、法人がヒトとして資産を所有し、さまざまなステークホルダーと契約を締結することに示されている。しかし、契約主体になるといっても、法人自体は生身の人間ではないので、誰かに仕事を任せなければならないだろう。この「仕事を任す／任される」という関係が契約関係ではなく、信認関係であると論じるのが、岩井の議論の重要なポイントである。

岩井によれば、信認関係とは、任される者と任す者とが絶対的に非対称な関係にあるときに生じる独自の法的カテゴリであって、自己利益／自己責任を基盤として成立する契約関係とは異なるものである。たとえば、後見人制度などは絶対的に非対称な関係を前提とした信認関係である。絶対的に非対称な関係に成立すべき信認関係を契約関係に置き換えるならば、仕事を任される者が仕事を任せる者の立場で自分自身と契約することになってしまい、実質的な自己契約をするという矛盾が生じてしまう。

その結果は、仕事を任された者が任せる者を搾取できることになってしまうだろう。このような事情があるため、信認関係において信認される者は、忠実義務のような倫理的義務を負うことになる。契約関係が自己利益／自己責任を基盤として成立するのとは対照的であり、信認関係という独自の法的カテゴリが必要となる理由はここにある。

この観点からは、経営者は会社との間に信認関係を結んでいるのであって、株主との間に直接的な契約関係を結んでいるのではない。株主と経営者の間に、自己利益／自己責任を基盤とした契約関係＝プリンシパル・エージェント・モデルを当てはめることは端的に間違いなのである。現在の主流派経済学のコーポレート・ガバナンス論はこの点で誤りに陥っているのであって、しかも理論的誤りが受け入れられることによって、もたらす被害は甚大である。アメリカの所得不平等のほとんどは、高額の報酬を得ている一部の経営者たちの驚くべき高収入によって説明できるからだ。もちろん、この現象は上で述べたような「自己契約」によって生み出されたものなのである。

岩井は明示的に主張しているわけではないものの、この議論が示しているのは、経済学が作り上げた概念がわれわれの思考と行動を規定し、社会的実践にも影響を与えている可能性があるということである。なにかしら客観的に成立している現実が存在していて、経済学がそれを単純に科学しているのではなく、経済学という思考の産物が現実世界に影響を与えている関係が成立しているのだ。このように思考が現実を規定することを「遂行性（performativity）」としばしば呼ぶが、それは社会科学一般に当てはまることである。この点については、最終章で再度取り上げることにしたい。

批判が多くあるとはいえ、前節で解説した契約と組織の経済学が組織の存在理由とその機能を理解するうえで大きな役割を果たしてきたことは疑いのないところである。むしろ、批判する側にとっても、この分野の研究が多くの語彙と分析ツールを提供してきたと言えるだろう。

制度と進化ゲーム理論

これまで説明してきた「契約と組織の経済学」は基本的に、市場以外の諸制度が市場メカニズムを支える機能を果たしていることを明らかにしてきたと言える。しかし、ひとたび制度の役割が重視されるようになると、制度がどのようにして生じるのか、そしてどのように維持され、変化するのかという問題が提起されるのは自然であろう。ゲーム理論は、こうした問題を考えるうえでの手掛りをも与えてくれる。そこで、ゲーム理論を用いて、制度の発生、進化等々について考えるアプローチについて説明しておこう。

第2章で説明した交通ゲームの利得表を再掲したのが、表6－1である。第2章では、このゲームを用いて、一般にナッシュ均衡が複数存在しうることを説明した。具体的には両プレーヤーともが右側通行を選択する状態と、両プレーヤーとも左側通行を選択する状態がナッシュ均衡であった。このゲームを用いて、まず、どのようにして社会のなかに制度が創発するのかの説明を試みよう。

標準的なゲーム理論では、ゲームのプレーヤーは合理的だと仮定されている。その仮定を緩めて、プレーヤーたちが限定合理的であると仮定し、人々の行動が社会のなかでどのように変化していくのかを分析する「進化ゲーム」と呼ばれるゲーム理論の一分野がある。「進化」という名が示す通り、この分析枠組みはもともと、進化生物学者が進化を説明する道具として、ゲーム理論をもとに開発したものである。それが現在では若干の解釈の変更を加えて経済学に逆輸入され、人間社会の行動分析にも応用されている。以下では、進化ゲームの極端に簡略化されたバージョンを用いて説明したい。

表6-1　交通ゲームの利得表

		プレーヤー2	
		左側通行	右側通行
プレーヤー1	左側通行	1，1	0，0
	右側通行	0，0	1，1

今、ある程度の人数がいる社会のなかで上記のゲームが繰り返しプレーされていると考えよう。ここでの繰り返しの意味は、同じ人と何度も同じゲームをプレーするということではなく、何度も、社会のなかの異なる人とランダムに出会って、このようなゲームをプレーすることを意味している。その状況を図示したのが、図6-3である。

この図を用いて、次のようなことを想像してみよう。この社会のなかの各人は右側通行するか左側通行するかを、単純な「行動ルール」として持っており、pの割合の人々が左側通行の行動ルールを採用していたとしよ

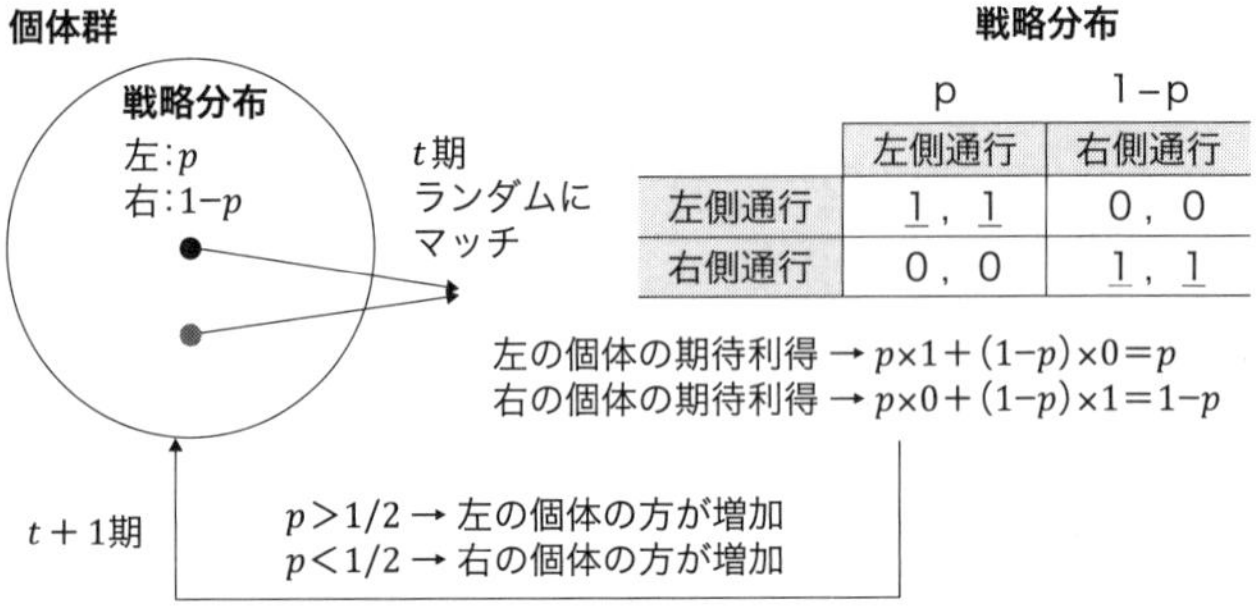

図6-3

う。このように定義された、社会におけるさまざまな戦略の割合のことを「戦略分布」と呼ぶ。そして毎期ごとに、各人は社会のなかの他の人とランダムに出会って、自分の行動ルールに従ってプレーする。そうすると各人は毎期、一定の利得を得るわけだが、人口のなかの一定の割合の人々はそのときの戦略分布のもとで最適な行動ルールを認識するようになり、自分の行動ルールが最適でない場合には、最適な行動ルールの方に変更すると仮定する。つまり、ここで想定している人々は、その時々の最適反応しかわからないという意味で、限定合理的な主体なのである。こうした想定のもとで、最初の戦略分布がどのように変化していくのかが分析可能になる。

この分析を遂行する準備として、どのような戦略分布のもとで、どのような行動ルールが最適になるのかを確認しておこう。社会のなかで左側通行を選択している人々の割合がp、右側通行を選択している人々の割合が$1-p$という戦略分布のもとで、社会の人とランダムに出会い、左側通行を選択する場合の利得の期待値（期待利得）はp、右側通行を選択する場合の期待利得は$1-p$となる。したがって、社会のなかで左側通行をしている人の割合pが½より大きいときには左側通行を選択した方がよく、pが½より小さいときには右側通行をした方がよいことがわかる。$p=1/2$のときには、どちらでも同じ期待利得になるのでどちらでもよい。

次に、今調べた最適行動を、左側通行をとる「確率」に翻訳してみよう。つまり、qで左側通行を選択する確率を表わし、左側通行をとることが右側通行よりも望ましければ左側通行の確率qを1にし、右側通行の方が望ましい反対の場合には左側通行の確率qを0にするといった具合にして、pがさまざまな値をとるときに、どのようなqの値を採用するのが最適となるのかを考えるのである。さきに述べたように、$p>1/2$のときには左側通行を選択した方がよいので$q=1$、$p<1/2$のときには右側通行をした方がよいので$q=0$、$p=1/2$のときにはどちらでも同じなので、qは0と1の間のどんな数値でもよい。この結果を横軸にpをとり、縦軸にqをとってグラフにまとめたのが図6-4である。

図6-4のなかの太線（S字を屈折する直線で表わした形になっている）が、pの各値（それぞれの戦略分布）に対する最適行動を表現している。社会が均衡状態にあって、全員が同じ行動を選択している状況では、最適な左側通行の確率qと社会のなかで左側通行をしている人々の割合pの値は等しくなっているはずである。この条件は、図のなかでpとqの値が

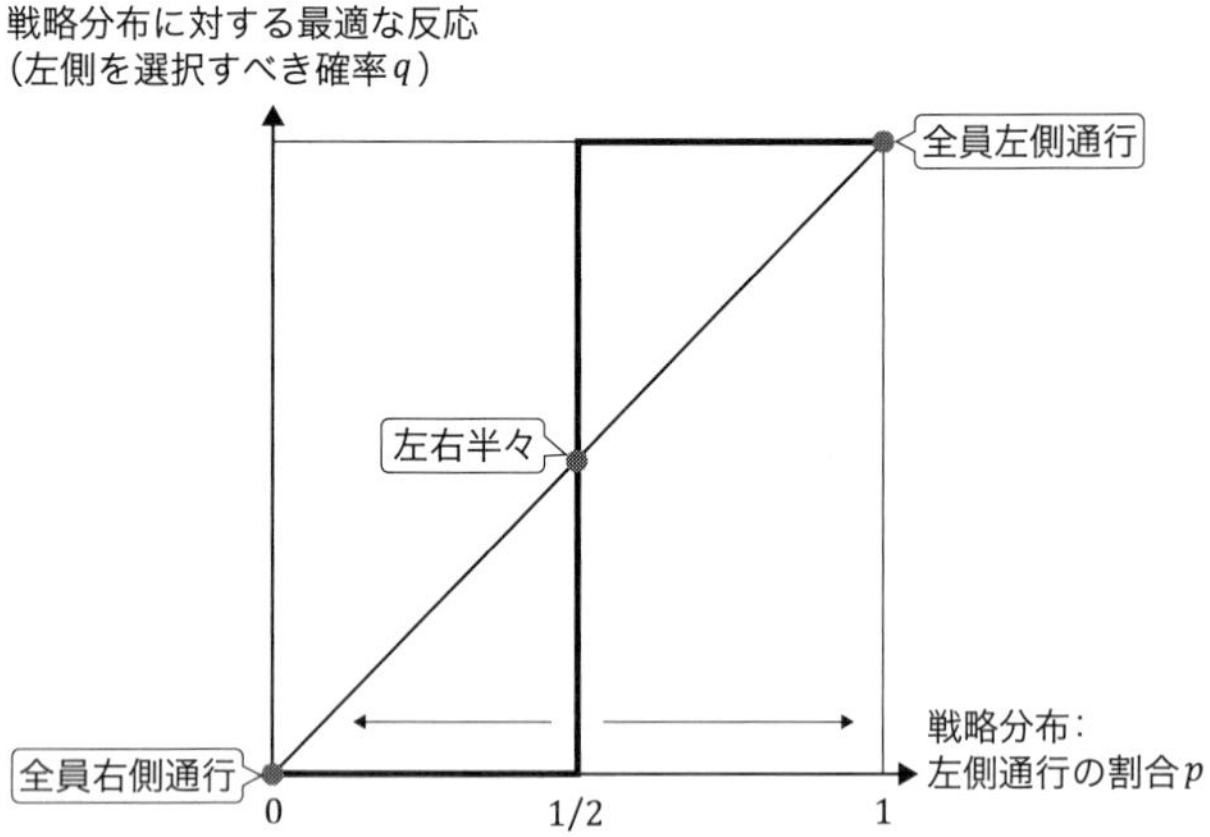

図6-4

等しいことを示す45度線で示されている。また、戦略分布$\boldsymbol{p}$を所与にしたときに人が左側通行をとる確率$\boldsymbol{q}$は最適になっているべきである。こうして、ナッシュ均衡は最適行動を示す太線と45度線の交点として表現される。

この図からわかるように、ナッシュ均衡は三つ存在している。すべての人が右側通行を選択する状態（$p = 0$）、すべての人が左側通行を選択する状態（$p = 1$）と、半数の人が左側通行を選択する状態（$p = 1/2$）である。しかし、今回新たに出現した$\boldsymbol{p} = 1/2$というナッシュ均衡は不安定であることがわかっているので、これについては無視して議論を進めることにしよう。

図において最適反応のグラフは屈折した形ではあるが、右上がりになっている。このようなゲームを戦略的補完性（strategic complementarity）を持つゲームと呼ぶ。これは直観的には、社会のなかで左側通行を選択している人の割合が多くなればなるほど、左側通行を選択することがよいことを意味している。戦略的補完性を持つゲームでは、このように複数のナッシュ均衡が存在する可能性が高くなることが見てとれるであろう。

さて、もともと考えていた状況に戻ると、最初の状態がたまたまナッシュ均衡でない限り、次の回で直ちに全員がナッシュ均衡をプレーすることにはならない。なぜならば、社会のなかの一定割合の人にしか行動ルールを変更する機会が与えられないからである。では、この社会のなかの行動はどのように変化していくだろうか。

もし$p<1/2$の状況から出発すれば、右側通行を行動ルールとしていることの方が有利となるので、行動ルールを変更する機会を得た人々は次第に右側通行へと行動ルールを変更するだろう。ということは、社会のなかで左側通行を行動ルールとする人の割合を示すpは徐々に減少していくはずである。この動きが、図6-4の横軸の$p<1/2$の部分に沿って左向きの矢印が描かれている理由である。同様に、社会が$p>1/2$の状況にあれば、左側通行を行動ルールとする方が有利なので、社会のなかで左側通行を行動ルールとする人々の割合が増加する（すなわちpの値が増加する）ことになるだろう。

こうして、初期時点での状態が$p<1/2$か、$p>1/2$かで、社会は異なるナッシュ均衡へと収束していくことがわかるのである。もちろんナッシュ均衡では、第2章で述べたように、自己実効性が成立しているので、社会のなかの他の人たちがその行動をとっている限り、自分だけ行動を変更するインセンティブがない状態になっている。

この分析は、社会のなかで一種の「慣習」（convention、「黙約」と訳されることもある）がナッシュ均衡として成立していくプロセスを表わしていると解釈できる。もともと、ナッシュ均衡は、誰もそこでの行動パターンから逸脱するインセンティブを持たないこととして定義されていた。この性質は、一般的に制度が持っている重要な性質の一つでもある。

すなわち、安定的な制度のもとでは、人々はその制度のもとでとるべき行動パターンから逸脱するインセンティブを持たないようになっているはずである。こうして、制度はゲームの均衡と同じ性質を持つので、制度＝ゲームの均衡とみなして分析することにも十分な意味があるだろう。このように解釈すると、ここで行った分析は、社会のなかでどのようにしてゲームの均衡＝制度が成立するのかを説明するものとみなせる。

このような制度へのアプローチは、ロバート・サグデン、ケン・ビンモア、ブライアン・スカームズらによって切り開かれてきた。そして、アイディアのもとをさらに遡ると、古くは哲学者のデイヴィッド・ヒューム（一七一一〜七六）にまで辿りつく。彼は社会のなかの秩序（ここでは制度と言い換えてもいい）が「慣習」として、人々のインタラクションのなかから自生的に生み出され、それがさらに規範的な力を持つようになるという考えを持っていた。

そして、自由主義の経済学者・哲学者フリードリヒ・ハイエク（一九七四年にノーベル経済学賞を受賞）もまた、人間が合理的に社会秩序を設計できるという考え方を批判し、自生的秩序の重要性を強調したことで知られている。

このモデルはまた、社会における初期時点でのpの値によって、左側通行と右側通行のうちどちらの制度が成立するのかが変わりうることを示している。つまり、pが最初の時点で二分の一よりも大きい社会では左側通行が成立することになり、pが最初の時点で二分の一よりも小さかった社会では右側通行が成立するだろう。制度がある過去の時点で成立していた状況の影響を受けるという、このような性質は歴史的経路依存性（historical path dependence）と呼ばれている。経路依存性という概念は歴史を考えるうえで最重要の概念であり、次章で再度取り上げる。

比較制度分析の基本的考え方

青木昌彦スタンフォード大学名誉教授（一九三八〜二〇一五）が中心になって展開してきた比較制度分析は、諸国の経済システムの進化と多様性のメカニズムを理解しようとする経済学の分野である。そのために、比較制度分析は、各国経済をそれぞれに異なる仕方で制度を束ねた経済システムとして捉えている。たとえば、日本経済とアメリカ経済を比較してみよう。

日本経済もアメリカ経済も市場経済であることには変わりはない。しかし、それぞれが持っている金融システムを見てみると、日本経済の金融システムは、基本的に銀行が貸し手と

青木昌彦

借り手を仲介する「銀行中心の金融システム」であったのに対して、アメリカの金融市場は資本市場での株式・債券の売買を通じて貸し手と借り手が結びつく「資本市場中心の金融システム」だったと言える。

また、労働市場にも違いが見られる。アメリカの労働市場は流動性が高く、中途も新卒もない単一の労働市場であるのに対して、日本ではいまだに終身雇用の名残りを持ち、新卒一括採用が行われており、流動性が低い。

このような多様性が生じる理由の説明にも進化ゲームを用いることができる。基本的にはアメリカも日本も同じようなゲームをプレーしているものの、アメリカと日本では歴史的経緯の違いに応じて異なる均衡状態へと収束してきたと考えるのである。もちろん、そこで分析されているのは、右側通行か左側通行かという単純なゲームではなく、経済学的な意味を伴ったものだが、このような表現でも直観だけは十分伝わるだろう。

青木の比較制度分析が提起してきたものから、もう一つだけわかりやすく有用な概念を説明しておこう。それは、制度的補完性である。表6－2では、金融市場で資本市場中心のタイプがX0、銀行中心のタイプがX1と記されている。また、労働市場の側では、流動的な単一

表6-2　経済システムの多様性

		労働市場	
		Y0 流動的な単一市場	Y1 終身雇用、新卒一括採用
金融市場	X0　資本市場中心	アメリカ	B
	X1　銀行中心	A	日　本

労働市場をY0、終身雇用で流動性が低いタイプをY1と記している。この記号を用いると、アメリカの経済システムは制度配置（X0、Y0）と特徴づけられ、日本の経済システムは制度配置（X1、Y1）と特徴づけられるわけである。

では（X1、Y0）のような制度配置（表6－2のA）や（X0、Y1）のような制度配置（表6－2のB）は存在しうるだろうか。経済システムが安定的状況にあると想定すると、AやBのような制度配置は存在するとは考えにくい。なぜならば、歴史的に進化を遂げて安定的な状態に辿りついたと考えるならば、経済システムを構成している諸制度はお互いにフィットしたものになっている可能性が高いからである。このことを、比較制度分析では、制度的補完性という言葉を用いて表現する。すなわち、XがYに対して制度的に補完性を持つとは、Xという制度の存在がYという制度の働きを強化するという関係にあることをいう（ここでは単純に考えて、このとき対称的にYはXに対して補完的であると考えよう）。

複数の制度が互いに補完性を持って存在することで経済システムが成立しているとすると、それは経済システムの改革に対して、どのような含意を持つのだろうか。このような問題を取り扱った抽象的なモデルから言えることは、制度間の補完性の度合いが強いほど、一つの分野で制度改革を行ったとしても、それが他の分野の制度変化を伴わなければ、最終的に経済システム全体の変革が達成されるまでのコストが高くつくということである。反対に、制度間の補完性が弱いならば、各分野の制度改革を独立して成果を上げていけるので、システム全体の変革はより容易に最適なものに近づくだろう。

たとえば、日本の経済システムで金融市場の制度がX0に変わるならば、（X0、Y1）が成立するが、もともとX1とY1の間に強い補完性があったとすると、この新しい状態はもとの状態よりも低いパフォーマンスを生み出す可能性が高い。また、（X1、Y1）の状態から（X0、Y0）に移行することを意図して、金融市場をX0に変更したとしても、それに従ってY1がY0とはならずに意図せざる変化を生み出す可能性もある。逆に、X1とY1の補完性がそれほど高くなければ、（X1、Y1）は比較的容易に（X0、Y1）や（X1、Y0）へと移行しうるだろう。

経済システムの変革がしばしば長期間のシステム移行のコストを生み出すことや、意図せざる結果を生み出すことは、このようにして理解できる。また、意図した通りの経済改革を行うためには、一部の制度の改革だけでなく、より広い範囲にわたって、コーディネートされた改革を行うことの必要性や、そのために強い危機感とコミットメントが必要になることも理解されよう。

第7章　経済史と経済理論との対話から

社会科学の女王

かつては経済学入門の教科書で、「経済学は社会科学の女王である」という言葉がしばしば掲げられていた。誰が最初にこの言葉を使用したのか、そしてその際に何を意味していたかは定かではないが、二〇世紀の文脈でこの言葉が意味していたことは、経済学が演繹的・数学的な方法論を確立させた学問領域であり、社会科学のなかでもっとも自然科学的な意味での経験科学に近いということだったと推測される。しかし二〇世紀半ばまで強い影響力をもった論理的経験論と呼ばれる哲学からの脱出を図り、新たな科学観を形成しつつある今の時点では、この言葉はやや時代遅れの感じがする。

これに対して、経済史家のロバート・アレンは『なぜ豊かな国と貧しい国が生まれたのか』の第1章の冒頭で「経済史は社会科学の女王である」と宣言している。そこで彼が伝えようとしていることは何だろうか。

アレン自身は、この問いに対して直接的な回答を与えているわけではない。しかし、言葉の端々から次のようなことが伝わってくる。経済史の課題は「諸国民の富の本質と原因に関する研究」（アダム・スミスの著書『国富論』の正式のタイトル）そのものの探求にあり、豊かな国と貧しい国が生まれてきたのはなぜかという根本的な問題を取り扱っている。これこそがわれわれが本当に知りたいことではないだろうか。そして、歴史を扱わない経済理論にこれはできない相談であろうと。

実際、経済学で扱うモデルのほとんどは、時間や空間を明示的に扱わずに、限定された範囲でのみ適用可能なメカニズムの説明に終始するものである。仮に時間や空間を扱うとしても、現実に生起したダイナミズムの説明というよりも、具体的に限定されないような時間や空間を扱い、そこに通底しているメカニズムを一般的に明らかにするにすぎない。

これに対して経済史は、さまざまな可能性のあった経路のなかから現実に辿ってきた軌道に焦点を当てることで、経済学に独自の洞察をもたらしてくれる。このように考えれば、アレンの発言に十分な説得力が出てくるだろう。

本章でもマクロ経済学の章と同様の留保が当てはまる。筆者は経済史の専門家ではないので、経済史の中身そのものを深く掘り下げた議論は展開できない。そこで本章では、筆者が知っているなかから重要と考える経済史研究のいくつかに焦点を当て、歴史研究と経済理論との対話という観点から解説を試みることにしよう。

経路依存性と正のフィードバック

時間という概念を導入することで、われわれの経済に対する見方はどのように変わるだろうか。すでに前章で、進化ゲーム理論の分析から経路依存性について解説したが、それは初期の戦略分布によって複数均衡のどちらが選択されるようになるかという限定的な理論モデルの文脈においてであった。現実世界で経路依存性はどのように表われるのだろうか。

経済史家のポール・デイヴィドはQWERTYキーボードというわかりやすい例を用いて、経路依存性の概念を説明している。筆者が今使用しているコンピュータはMac Book Proだが、そのキーボードはアルファベット部分の上段が左側からQWERTYの順に並んでいる。これがQWERTYキーボードである。なぜこのような配列のキーボードが一般的になっているのだろうか。

実は、これよりも速い打鍵を可能にするキーボードは、今までに多数提案されてきた。英語用ならば一九三〇年代に開発されたDvorakキーボードがよく知られた例で、一九四〇年代にアメリカ海軍が行った実験でその効率性が実証されている。なのに、なぜ速いとわかっているキーボードが主流にならなかったのだろうか。

デイヴィドによれば、QWERTYキーボードの歴史は、一八六七年、ウィスコンシンのショールズという人による彼独自のタイプライターの発明にまで遡る。このタイプライターは速い打鍵が続くとタイプ・バーの衝突や絡まりを頻繁に引き起こすという問題を抱えていた。しかも、このタイプライターはタイプ・バーを下の方から紙に打ちつけるようになっていたため、打ち間違いがあってもそれをすぐに確認できないという問題があったので、タイプ・バーの衝突や絡まりの問題はなおさら深刻であった。

この問題を解決する過程で、徐々に収束していったのがQWERTYに近いキー配列だった。このタイプライターの製造権は、一八七三年にレミントン・アンド・サンズ社に移転され、その後、製品として市場に出ることになった。

しかし、一八九〇年代は多くの代替的機構を持ったタイプライターが市場に出てきた時代であり、決してQWERTYが市場を支配していたわけではなかった。また、すでに下から紙に打ちつけるタイプライターの時代ではなく、タイプ・バーすら持たないタイプライターも登場していたので、QWERTY配列を登場させたような技術的背景は変化していた。それにもかかわらず、一八九〇年代の半ばにはQWERTY配列が「ユニバーサル」なものとして確立するに至る。

背後にあったのは、タイプライターという機械が、すでにより大きな複雑系の一部となっていたことだとデイヴィドはいう。つまり、そこにはタイプライターの製造業者、機械の買い手ばかりでなく、タイピングのオペレーターたちやタイピング・スキルを訓練する公的・私的な組織が存在していた。すでにこの頃には、「タッチ・タイピング」と呼ばれる、ブラインド・タッチの方法が登場し、それを訓練するようになっていたのだった。

このようにして人々はQWERTYにロック・インされるようになり、それは事実上の標準となって、コンピュータを使用する今の時代に至るまで使用され続けているのである。

この例から得られる教訓は、現在の世界がなぜ今あるような姿をしているのかを理解しようとすると、時間的に遠い以前における偶然の事象を無視できないということである。このことをブライアン・アーサーはより一般的・理論的に、「ポジティブ・フィードバック」という概念を用いて表現している。歴史的プロセスはポジティブ・フィードバックを内包したシステムになっているのである。

アーサーによれば、ポジティブ・フィードバックの過程は、(1)予測不可能性、(2)硬直性、(3)非エルゴード性、(4)経路の潜在的非効率性といった特徴を持っている。予測不可能性と経路の潜在的非効率性はQWERTYキーボードの例からもわかりやすいと思うが、硬直性と非エルゴード性については若干説明が必要かもしれない。

ここでいう硬直性とは、時間が進めば進むほど、経路のスイッチが難しくなることを意味する。また、非エルゴード性は偶発的事象の影響が相殺されないまま残ってしまい、時間を通じて特徴が変わらないというエルゴード性を満たさないことを意味している。

このようなシステムの現状を理解するためには、過去に何が起こったのかを知ることが必要なのであり、「歴史が重要である」(history matters)ということになる。前章で論じた比較制度分析においても基本的に、日本経済やアメリカ経済が今あるような特徴を持つようになった背景をこのようなものとして認識していたことを思い起こして欲しい。

このような経路依存性のロジックをさらに一般化するならば、時間的要因を考慮することで現状を理解する際に、さまざまな戦略がありうることもわかってくる。たとえば、同一の二つの事象であってもそれが生じる順序の違いが現在の状況に大きな影響を与える可能性もあるだろうし、長い時間を通じて作用する因果関係についても考えられるだろう。

ダグラス・ノースの視点

経路依存性が作用するのは、一言で言うならば制度である。では、制度とは何か。これは制度の経済学を扱った前章では、あえて詳細な回答を保留していた問いである。だがここで、紹介を先延ばしにしていたダグラス・ノースに再度登場してもらい、歴史の観点を交えてこの問題を考えることにしよう。

非市場的制度の機能や仕組みを理解するというアプローチから理論を展開してきたコースやウィリアムソンと異なり、ノースは経済史の観点から制度分析に開眼した経済学者である。このことが、ノース独自の制度論の展開を可能にした。ノースは、一九九三年にロバート・フォーゲルとともに、「経済的・制度的変化を説明するために、経済理論と数量的方法を適用することで経済史研究を更新した」ことを理由に、ノーベル経済学賞を受賞している。

ノースは一九六〇年代に新古典派経済学を経済史に応用した「新経済史（new economic

history)」という分野を立ち上げた。しかし、一九七〇年代以降になると、ヨーロッパ経済史の研究を進めるなかで、新古典派理論の限界を強く感じるようになり、制度変化を説明する理論を追求しはじめた。

新古典派の成長理論では、経済成長を資本蓄積、労働人口、技術発展などの要因に分解して分析する。しかしノースによれば、このような経済成長の「さまざまな要因（技術革新、規模の経済性、教育、資本蓄積など）は成長の原因ではない。それらは成長そのものである」。むしろ、それらの要因が特定の地域で生じ、他の地域で生じなかったのはなぜなのかという問題を追究するなかで、制度の重要性へと辿り着いたのである。

ノースの問題意識はそれ以来一貫して制度変化に向けられる。とはいうものの、同じ制度変化というテーマを追究しつつも、それを説明するための概念装置を常に進化させ続けたことは特筆に値することである。晩年には、認知科学、進化心理学、進化生物学、脳科学、人類学、複雑系科学などの諸分野の研究成果を貪欲に取り入れて制度変化を理解しようとした。

とはいえ、ノースは、西欧世界（とりわけイギリス）が勃興した鍵となる理由を、一七世紀の名誉革命前後の時期における所有権制度の確立に同定し、その立場を終生変化させなかった。それは、所有権制度が人々の交換におけるインセンティブ構造を決定的に変化させたからだというのが彼の持論である。インセンティブ構造を形づくるものとしての制度の重要性は、彼が自らの思考枠組みを整理した『制度・制度変化・経済成果』冒頭において制度を定義した有名な一節に見てとれる（竹下訳）。

制度は社会におけるゲームのルールである。あるいはより形式的に言えば、それは人々によって考案された制約であり、人々の相互作用を形づくる。したがって、制度は、政治的、社会的、あるいは経済的、いずれであれ、人々の交換におけるインセンティヴ構造を与える。制度変化は社会の時間的変化の様式を形づくり、それゆえ歴史変化を理解する鍵となる。

この文章は、前章の後半で説明した「ゲームの均衡としての制度」という見解に対して、「ゲームのルールとしての制度」という見解を明確に表明したものとして、一般に理解されている。ここでも「ゲーム」に対する言及がなされていることは注目されてよいが、制度変化に重点を置くノースの分析は、なかなか厳密に定式化することが難しかったし、彼自身もそうすることを望んだわけではなかっただろう。

『制度・制度変化・経済成果』には、ほかにも制度を見るうえで重要な観点が提示されているので、いくつかを紹介しておこう。

第一は、ゲームのルールとしての制度には、法律や書面契約のような「公式のルール」だけでなく、社会規範や慣習などの「非公式のルール」が含まれる点を明示的に主張したことである。むしろノースには、経済や社会の変化を分析するうえでは、人々の生活上の信念や行動様式にかかわる非公式のルールの方が重要であると考えていたふしがある。

第二に、これと関連してルールの「実効化の有効性」を重視したことである。インセンティブが重視されるのは、このような観点からである。制度は人々のインセンティブを形づくるものだが、裏返せば、これは人々が従わないルールは無秩序を生み出すかもしれないということである。

ちなみに、すでに本書のいくつかの箇所で「実効化」という言葉が用いられてきたが、それは単にルールを作成するだけではなく、人々がルールを守るようにすることをも含んだ概念である。法律を考えればわかるように、単に法を制定（enact）すれば新たな制度が成立するわけではなく、人々がそれに従うことで実効性を持つ仕組みを伴わなければ意味がない。今の文脈における英語の「enforcement」には、このような意味がこめられており、強制、施行、執行、拘束などの訳語が当てられることも多いが、筆者はあえて「実効化」と訳している。

では、ノースは制度と歴史との関係をどのように捉えたのだろうか。単著としては最後となった著書『ダグラス・ノース　制度原論』から、彼のアイディアのコアの部分を素描してみよう。

同書におけるノースの考えでは、制度変化は、「現実の認識→人々の信念の更新→政策や制度の変更→現実の再度の認識」という循環的プロセスとして把握できる。一見して単純な図式に思えるかもしれないが、各要素で何が意味されているのかを深く知ることがポイントである。

まず、現実といった場合、人間が不確実性に満ちた環境に取り巻かれていることの認識が重要である。また、不確実性といっても、ここでの不確実性は第2章で説明したように確率分布をもったクジとして表現できるものではなく、そもそも明確な確率分布を想像すらできないタイプの不確実性である。人間はその歴史のなかで、物理的環境における不確実性を削減するために、人為的環境（＝人間が創出した環境）を作りあげてきた。こうして人間を取り巻く環境は、物理的環境と人為的環境の二つから成り立っているものとみなされる。しかし、人為的環境はそれ自身が基本的に非エルゴード的で不確実性を内包したものなのだ。

人為的環境のなかで、人間は信念と選好といった志向的状態を形成し、それに基づいて選択し、その選択が人為的環境を構造化するという営みを繰り広げている。この意味で、人間が志向性を持った存在であることは重要である。しかし一方で、近年の人間行動科学や心理学が教えるように、人間が伝統的経済学が想定してきたような完全な合理性を持った存在ではないことも明らかである。このことを勘案して、人為的環境を構造化する人間の営為を敷《ふ》衍《えん》してみよう。

人間の認知や学習は常に不完全なものであり、人間はその認知的負荷を軽減するために、周囲に人工物的構築を構築し、それを「足がかり（scaffold）」として選択の不確実性を削減している。「足がかり」は、認知負担を軽減するために人間が利用する環境全般を指す言葉であるが、そこには大規模集団での協力を可能にする制度のようなものから、言語、記号貯蔵システムまで多様なものが含まれている。それらは過去の諸世代の経験の蓄積である。こうして人間は文化的人工物に取り巻かれた世界のなかで、信念をシステムとして共有し、それをもとにして選択行動を行っているのである。そこで創り出される信念システムには、「合理的」なものもあれば、迷信、宗教、神話、偏見などのように「非合理」なものも含まれているが、われわれはこのような人的構築物を通してしか世界を見ることができないし、世界はわれわれの心的構築物だとも言えるのである。

つまり、われわれが創出する人為的環境は、一方で人間が一個人の経験を超えて学習することを可能にしてくれる。しかし他方では人間の学習の方向を制約する。つまり、制約により可能性を拡大するというパラドクシカルなことがそこでは起こっているのである。もちろん、このプロセスは社会の多様化を孕《はら》みつつ展開する。

このように周囲の環境を構造化するたえざる努力を行っているにもかかわらず、人間は自分を取り巻く不確実性を完全になくすことなど到底できない。人間は制度や制度変化の成果を予測し、一定の意図のもとで制度を変更するが、制度変化はほとんどの場合に予期しない結果をもたらすことになるからである。このことがいわば無窮動の制度変化を生み出すことになる。このようにノースの認識では、制度変化は歴史との間に切っても切れない関係を持っており、また人間特有の認知や学習の仕方とも深い関係を持つものである。

アブナー・グライフのアプローチ

歴史と経済学の対話を別のアプローチから企てたのが、アブナー・グライフ（一九五五〜）である。彼は、史料分析に基づくオーソドックスな歴史学方法論の訓練を受けた後に、すでにゲーム理論が浸透していた八〇年代に経済学博士号を獲得した独自の経歴を持つ研究者だ。そのバックグラウンドを見事に反映して、歴史研究とゲーム理論を統合する研究を展開した。

グライフのもっとも有名な論文の一つは、マグリブ商人とジェノヴァ商人を対比的に論じた「文化的信念と社会の組織：集団主義的社会と個人主義的社会に関する歴史的・理論的反省」である。

マグリブ商人とは、一一世紀にイスラム社会で活躍したユダヤ人商人である。中世後期になって地中海貿易が復興したことはよく知られているが、当然のことながら当時は効率的な交易を担保するような近代的仕組み――国家によるフォーマルな実効化のメカニズム――は存在していなかった。商人にとっては、商品を自ら運搬するよりも海外の代理人を使用した方が効率的であったが、代理人が商品を横領する可能性が常に存在していたので、代理人の使用はそれ自体、困難を伴うものであったのだ。したがって、貿易がスムーズに行われるには、何らかの制度的仕組みが必要だったのである。

グライフはこのような状況を囚人のジレンマに似たゲームとしてモデル化した。囚人のジレンマは一回限りでプレーする限り、お互いに裏切ることになるが、同じ人と無限回繰り返してプレーする状況では、プレーヤーたちが相互に協力する状態がゲームの均衡として生じうることが証明されている。ゲーム理論のなかで「繰り返しゲーム」と呼ばれる領域の研究である。

無限回繰り返し囚人のジレンマで協力が実現することのエッセンスは、繰り返しゲームでは、同じゲームを何度も繰り返しているので、過去のプレーの結果に応じて異なる行動を選択できることにある。相手が協力している状態で自分が相手を裏切るならば、確かにそのときは高い利得を得ることができるかもしれないが、相手はそれに反応して裏切り返すことができる。すなわち、裏切られたら裏切り返すというプレーの仕方を相手が採用しているとき、こちらが先に裏切って一時的に高い利得を得たとしても、その後の相手の裏切りによって、その後の利得の合計はそれほど高いものにはならないのである。

これに対して、ずっと協力し続ける方が高い利得を獲得できるので、協力する方が自己利益にかなうかもしれない。つまり、裏切りで得られる短期的利益と、協力し続けることで得られる長期的利益を比較考量し、割引因子が大きく将来を重視するようなプレーヤー同士であれば、後者の方が大きくなって、裏切るインセンティブがなくなる。グライフの分析の独自性は繰り返しゲームの理論を、毎回取引する相手がランダムに入れ替わる状況に拡張して分析したところにあるのだが、そのエッセンスはここで述べたものと大きく異ならない。

代理人の雇用においてマグリブ商人とジェノヴァ商人が採用した戦略は対照的なものであった。マグリブ商人は共同体内の密接な情報交換を基盤にして、裏切りの発生を情報共有するとともに、一度裏切った代理人とは誰も金輪際取引を行わないという仕方で、代理人の正直な行動を担保していた。こうした戦略をグライフは「集団主義的戦略」と呼んでいる。これに対して、ジェノヴァの商人たちはこのような情報共有の仕組みに依存するのではなく、より高い賃金を支払うことで、裏切りを行い、それがばれて雇用を切られたときの損失を大きくすることにより、正直な行動を担保するという「個人主義的戦略」を採用していたのである。

グライフは、この対照的な戦略がその後の二つのグループの軌跡を規定したとしている。集団主義的戦略は密接な情報交換を行うことができる共同体の存在に制約されているので規模拡大が難しかった。またこのような仕組みによる実効化の力は強力であったため、それ自身で完結し、それ以上の追加的な実効化メカニズムを必要としなかった。

これに対して、個人主義的戦略は契約の実効化に高い賃金の支払いが必要になるという不利な面がある一方で、共同体的制約を免れたオープンなシステムを作り上げる可能性を有していた。また、この仕組みの実効性を向上させるために補完的な仕組みを作り上げることを促すものでもあった。個人主義的戦略を採用したジェノヴァは実際に、個人主義的戦略を補完するフォーマルな実効化メカニズムを組織化する方向へと歩み、取引のネットワークを広げることに成功した。

グライフの制度観についても一言述べておきたい。グライフの分析が依拠している無限回繰り返し囚人のジレンマというゲームでは、プレーヤーたちが毎回協力行動をとるというだけではなく、その外にも多数の状態が均衡として実現しうることが理論的に知られている。したがって、多数ある均衡のうち、どの均衡が実現するのかということへの考察が重要になる。また、第2章で説明したように、ゲームの均衡では相手の行動に対する信念が重要な要素となる。繰り返しゲームの場合でも同様である。たとえば、繰り返し囚人のジレンマで、協力が繰り返されるような均衡において、人々が協力するインセンティブを持つのは、協力しなかったとしたら何が生じるのかという反事実的状況に関する信念なのである。

そして、多数存在する均衡のそれぞれは異なる信念に支えられている。マグリブ商人とジェノヴァ商人が採用した戦略は、同じ繰り返しゲームの異なる均衡戦略であり、どちらでも表面的に実現するのは協力行動であるが、その協力のインセンティブを与える反事実的な部分に対する信念が異なっている。

したがって、グライフは単純に「制度はゲームの均衡である」とは考えない。むしろ、文化的背景に支えられた信念が可能性のある多様な均衡のなかからどれが実現するかを規定しているので、論文のタイトル「文化的信念と社会の組織」にあるように、「文化的信念」が制度の不可欠の要素を構成すると考えるのである。

グライフは、イスラム教やユダヤ教を背景に持つマグリブ商人は集団主義的戦略に適合的な信念を生み出しやすかったのに対して、ジェノヴァ商人の場合にはキリスト教を背景として個人主義的な信念を生み出しやすかったと述べている。その後に出版された『比較歴史制度分析』では、この制度概念をさらに洗練させる試みが行われている。

経済史のビッグ・イシュー

これまでは主に、前章の制度の経済学の内容を受けて、経済史が制度という概念を用いてどのように歴史的現象に迫っているかを見てきた。しかし、経済史と経済理論との対話はこれに尽きるものではない。

次の図は紀元以来の人類全体の一人当たりGDPを描画したものである。近年は、アンガス・マディソン（一九二六〜二〇一〇）の超人的努力のおかげで、GDPの推計が多数の国々／地域に広がるだけでなく、時間的にも紀元一年にまで及ぶことになった。もちろん、こうした数字を得るためには多くの推測を含まざるをえないが、まがりなりにも超長期で人類の経済史を概観できるようになったことから、われわれが得るインスピレーションは強力

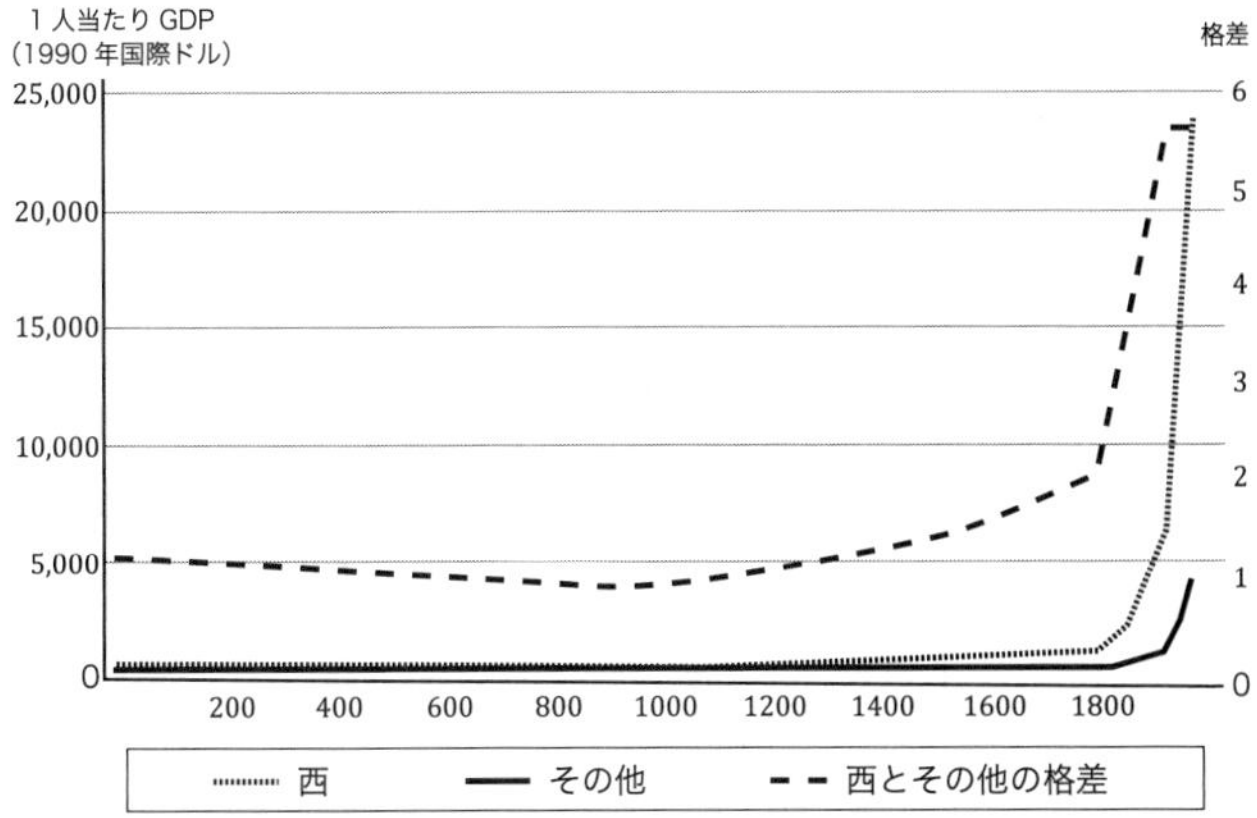

図7-1　人類の経済史

出所）マディソン（2015, p92）の表2.1を参照。
＊1）西は西ヨーロッパ・米国・カナダ・オーストラリア・ニュージーランドを、その他は西を除く世界経済のその他地域を表す。
＊2）1人当たりGDPは成長率を一定とした内挿によって描いた。格差は西とその他の比（その他の1人当たりGDPを1とした時の西のそれ）である。

である。このような業績から影響を受けつつ、近年では超長期の経済史を描く業績も続々登場してきている。

この図からは、次のようなことが読みとれる。

第一に、一八〇〇年頃まではほとんどの国で人類の一人当たり所得は停滞してきたという事実である。

第二に、一八〇〇年あたりから西ヨーロッパ世界とそこから派生した国々（オフシュート）において急速な経済成長が観察されるようになったことである。これは今日では「近代経済成長」と呼ばれる現象である。現在われわれは経済成長を当然視する傾向にあるが、約二〇万年前に登場した人類が恒常的に経済成長を経験するようになったのは、たかだかここ二〇〇年程度のことであったことがわかる。

第三に、近代経済成長の時代になると、豊かな国と貧しい国の格差が急速に大きくなったことである。これは「大分岐」(great divergence)と呼ばれている現象である。

こうした人類史の描像から、われわれは自然と次のような問いに導かれることになる。第一に、人類の経済史の長期停滞はどのように説明できるのかという問いである。この間の経済については、「マルサスの罠」によって説明しようとする説が有力であるが、本当にそうだったのかということも論点となりうる。ここではオリジナルのマルサスの議論を現代的に説明したグレゴリー・クラークに従って、マルサスの罠を解説しよう。

マルサスのモデルの仮定は、(1)一人当たり所得が増加すると、出生率が増加して死亡率が減少する(図7-2の上図)、(2)生産技術を所与として、人口が増加すると一人当たり所得が減少する(図7-2の下図)というものである。第一の仮定は、その後、一九世紀末から二〇世紀にかけて生じた人口転換のために、今日ではリアリティを失っているが、それ以前の社会には普遍的に見られた傾向である(そしてどうして人口転換が起こったのかは、それ自体興味深い問題である)。

第二の仮定は、通常経済学で収穫逓減と呼ばれているもので、生産に労働力を投入していくときに、投入した労働力を二倍にしても二倍よりも少ない生産量しか得られないことを意味している。

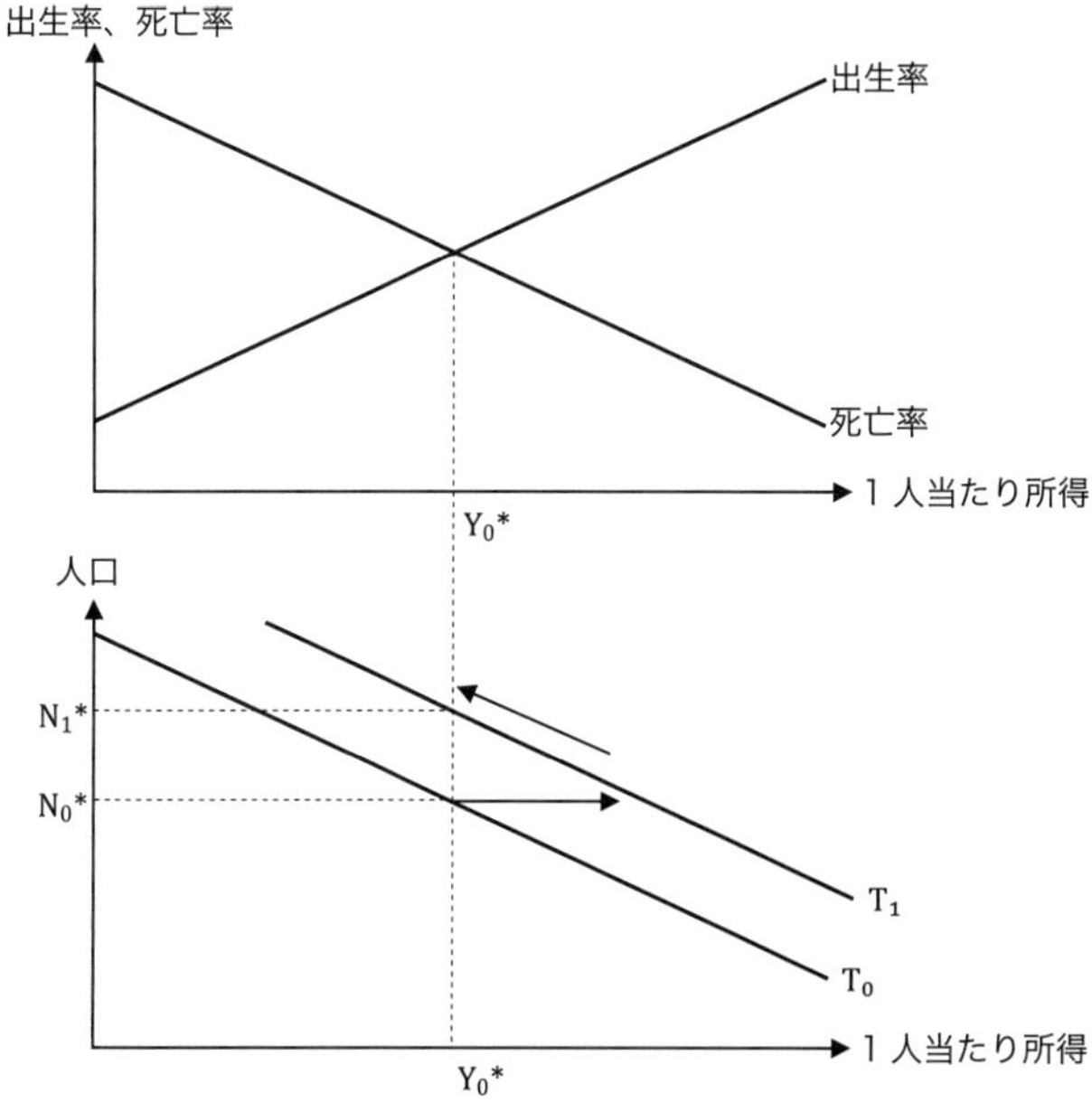

図7-2　マルサスの罠

このモデルでは、出生率と死亡率を一致させるような一人当たり所得が実現することになる。なぜならば、もしそれ以上の一人当たり所得が実現すれば、出生率が死亡率を上回って、人口が増加し、その結果、一人当たり所得が減少する方向に向かうからである。一人当たり所得が出生率と死亡率を一致させる水準以下では、反対に一人当たり所得を増加させる力が作用するので、結果的に一人当たり所得は出生率と死亡率を等しくするような水準に落ち着くのである。

ここでは、生産技術の向上は一人当たり所得を増加させることはない。技術進歩によって図7－2の下図のように、一時的に一人当たり所得が増加しても出生率＞死亡率によって人口が増加し、結局、元と同じ一人当たり所得になるからである。一番簡単な言い方をすれば、上で述べたように、一人当たり所得は単に出生率と死亡率を一致させるということのみで決定されるからである。

しかし、このとき社会はより多くの人口を養うことができるようになっている。したがって、もしこのようなメカニズムが作用していたならば、われわれが歴史から学習したように、さまざまな技術革新が生じたとしても、人口を増加させることはあっても、一人当たり所得は増加しないという結論が得られるのである。

産業革命と大分岐

図7－1から導かれる第二の問いは、どのようにして一八〇〇年頃を境にして、急激な経済成長が生じたのかである。この問題はかつてであれば、単純にどのようにして産業革命が起こったのかという問い方をされていたものである。そして、経済史の中心的問題は、西洋社会、とりわけイギリスに産業革命が発生したのはどうしてなのかという問題であった。しかし、今日ではそもそも産業革命が存在したのかという論点にも重なっていて、問いの立て方が難しい。そして、第三にはどうして大分岐が生じたのかという問題がある。

これらの問題に対しては、今日の経済学の多様性を反映して、さまざまな回答が提起されている。すでに説明したようにノースは、所有権制度の確立という説明を与えている。大分岐を含めてこの説明を拡張するには、所有権制度が成立しなかった国についても、その理由を提供しなければならないが、実際、ノースは先に述べたような制度変化の理論によって、国々が経済停滞に陥ってしまう可能性を説明しようとしているのである。同じく制度を重視するグライフは、西洋諸国が「法人」制度を確立するに至ったことを重視している。

ただ、まったく異なる見解も多数ある。『大分岐』を執筆したケネス・ポメランツ（一九五八〜）は、一八世紀には中国（当時は清）とイギリスの所得水準に大きな差がなかったことから議論を出発する。しかも、中国もイギリスも産業革命以前の技術の枠組みのなかで、一八世紀の半ばまでには、同じような土地資源制約に直面するようになっていた。当時の生産は食料、原材料、エネルギーの基本的な供給源として土地に依存していたことが重要だ。しかし、ヨーロッパ（特にイギリス）は、(1)アメリカ大陸への進出と(2)たまたま石炭が国内に豊富に存在したことで、この制約を突破することができたという。化石燃料を利用することで、エネルギー制約を突破したという点は、エドワード・リグリーによっても重視されている観点である。

さきほど登場してもらったグレゴリー・クラークは、産業革命それ自体よりも、それ以前から徐々に準備されてきたイギリス社会における文化進化の進展に注目する。マルサスのモデルを支える仮定として説明したことに関連するが、当時は所得の高い人ほど死亡する時点で、生存する子供の数が多かった。経済的成功は、生殖上の成功をも意味していたのである。そして、当時のイギリスでは、豊かな家庭に生まれた子供たちの多くは社会階層を下方に移動していたという。

こうして、経済的に成功する人たちが持っていた特徴――忍耐、勤勉、革新性、合理性など――が社会全体に広がることになった。このような社会における文化的価値の転換が近代を準備したのである。長い歴史を通して定住と安全を確保できた社会だけが、経済成長を可能にするような文化的特徴を発展させられるとクラークは主張する。このような文化進化の理論は、進化生物学を人間に適用するようになった背景のなかで、社会のなかに一定の文化的特徴がどのように広まっていくのかを考察するものである。このような理論からの発想が歴史研究に影響を与えていることは特筆に値することだろう。

産業革命によって機械化が進展したことは、誰もが知っている事実である。この点に着目した歴史研究もある。たとえば、ロバート・アレンは一八世紀の半ばまでには、イギリスの賃金水準が資本との相対価格で見たときに、非常に高かったことに注目する。また、イギリスのエネルギー価格はこのときまでに世界でもっとも低い水準にあった。こうして、イギリスで労働節約的な技術革新が促されるようになった。資本をより多く投入した生産は、労働生産力を上昇させるため、さらなる高賃金を可能にする。このようにして生産の機械化が勢いを増していくことになった。このような生産方法は他の地域では決して利益を生むものではなかったので、それが他の諸国も巻き込んでいくには時間がかかったのである。

これに似たロジックを活用しつつも、ジャン＝ローラン・ローゼンサールとロイ・ウォンはさらに地政学的要因を付け加えて、ヨーロッパと中国を対比した分析を行っている。

ヨーロッパではローマ帝国の崩壊以降、小国が分立し、頻繁に戦争状態にあったが、広大な領土が一つの全体をなしていた中国ではそれほど戦争が頻繁ではなかった。このため、ヨーロッパでは、製造業者が安全な城郭都市の内部に立地していたのに対し、中国では製造業が農村地帯に立地する傾向にあった。しかし、当時の都市では死亡率が高く労働賃金が高かったために、ヨーロッパで労働節約的な技術進歩が発生したというのである。おそらくはこの時から、人工物は人間の情報処理の一部を代替するような発展経路に入って部品を多用するようになり、飛躍的に複雑化する経路を辿ったのではないかと考えられるのである。このように彼らの分析は地政学的要因を導入しただけでなく、人工物の複雑化を引き起こした契機は何だったのかという観点から経済史を見る発想も併せ持っている。

これらの例からも、経済学そのものが多様化し、さまざまな学際的研究が多くの人に知られるようになって、歴史と経済学の関係が多様化していることがうかがえるだろう。

貨幣の歴史

経済史と経済理論との対話の最後に、近年、歴史研究が経済理論を揺さぶりつつある二つのトピックを取り上げたい。第一は、貨幣の歴史の研究であり、第二は、資本主義の歴史を通じた富と所得の分配の問題である。

読者は、標準的なテキストを用いたマクロ経済学の授業で、貨幣に関する次のようなストーリーを学んだことがないだろうか。貨幣が存在しない時代、人間はもともと物々交換経済を営んでいた。しかし物々交換が成立するためには、「欲望の二重の一致」というものが満たされる必要がある。

たとえば、りんごを持っている人がバナナと交換したいと思ったときには、バナナを持っている人もまたりんごを欲しいと思っている必要がある。そして、このような交換がその都度行われている状態では、そもそも交換比率というものも場当たり的にしか決まらないし、交換比率で合意が得られるかどうかもわからない。そこで、多くの人が欲しがるような財が物々交換の媒介物として使用されるようになり、それが単一の商品へと収束するにつれて「貨幣」が登場するようになった。すべての財・サービスを貨幣と交換することで、欲望の二重の一致が満たされる必要がなくなり、交換に関する取引費用が大幅に削減される。このようにして貨幣が交換手段として一般的に利用されだすと、それは貸借の対象として信用取引にも使用され、さらに価値を保存するための手段にもなる……。

貨幣の発生に関するこのような説明について、歴史的証拠から間違いであったことを強く主張する研究者が登場しつつある。ここでは、すでにベストセラーを公刊している二人の著者を挙げておこう。一人は人類学者のディヴィド・グレーバーであり、もう一人はエコノミストのフェリックス・マーティンである。

彼らの説によれば、貨幣は交換から発生したのではなく、むしろ貸借の記録という会計(accounting)から発生した。信用の機能から発生したと言ってもよいだろう。グレーバーによれば、人類の歴史のなかでは、市場経済でも物々交換経済でもなく、贈与経済が一般的であった。この経済は、現在または将来における「お返し」に関する明確な同意に基づかずに財やサービスを贈与しあうことが特徴的である。

こうした贈与で発生する「負債」は、もともとは社会的互恵性を原理とする相互的な義務のネットワークに組み込まれたもので、明確に測定されるようなものではなかったと思われるが、次第にそこに何単位の負債を負っているというような測定の単位ができてきたのだろうというのがグレーバーの主張である。

それは、マーティンによれば、ヤップ島の石貨（フェイ）の使われ方でもある。車輪の形をした大きな石は持ち運びもできないもので、同じ場所に留まっているが、取引の債務の清算のときに所有権が移転されるのである。このようにして、貨幣は債権／債務の記録から発生し、その後に交換手段として発展していったというのである。

物々交換から貨幣が発生したという説明は、比較的新しいところではカール・メンガーによって与えられているが、確かに彼の説明には腑に落ちない部分もある。メンガーの説明では、現在は消費する必要がないような財の余剰ストックが存在して、それが交換手段として使用されている必要があるが、原始的経済でそれほどの余剰を確保することは可能だったのだろうか等々。

それだけであれば、単に歴史的事実の問題であって、経済学には何らの影響も与えないとも考えられる。しかし、もしかしたら彼らの問題提起は、歴史的事実の探求には留まらず、経済学にも大きな影響を持つものなのかもしれないのである。

経済学には、貨幣は単に財やサービスの名目的価値だけにかかわるものであって、貨幣自身は経済の実質にはかかわらないという考え方が根強く存在し続けてきた。現在でもマクロ経済学の授業のなかで教わる「貨幣ベール観」というものである。もう少し詳しく言うと、貨幣は交換のための道具にすぎないため、消費、投資、生産といった経済の実質的活動水準には影響を与えることがなく、経済にとってはそれを覆う「ベール」のような存在だという見方である。「貨幣の中立性」とか「古典派の二分法」という言い方もされている。

この考えの淵源は通常、哲学者デイヴィド・ヒュームにあるとされている。実際、彼は「貨幣について」という論文の冒頭において、「貨幣は、正確にいえば、商業の実体の一つではなくて、財貨相互の交換を容易にするために人々が承認した道具にしかすぎない。それは交易の車輪の一つではない。それはこの車輪の動きをより円滑にたやすくする油なのである」と述べている。つまり、貨幣が果たしている主要な役割が交換手段だとする考え方が根底にある。

今日では、単純な貨幣ベール観を信じる経済学者はいないと思われる。少なくとも貨幣量と物価水準とが見合ったものになるまでの短期においては、貨幣の変動が実体経済に影響を与えることについては、ヒュームも理解していたようだ。しかし、このような考え方が、経済学者が経済をモデル化するうえでの根本的な想定として作用してきたことは否定できないし、現に経済政策を論じる際に用いられている経済モデルは基本的に実物重視のそのようなモデルの子孫とも言えるものなのである。

マーティンは、信用取引の手段として展開してきた貨幣の歴史を活写するなかで、貨幣の発行がいかに大きな利益をもたらし権力と結びつくのか、貨幣標準を操作する力がいかに富の分配に大きな影響を与える政治的な意味を持ってきたのかを明らかにしている。その背後にあるのは信用と信用をもとにした流動性である。信用というのは心理学的な要素を含んだ概念でもある。

ＧＤＰ比で二〇〇パーセントを優に超える現在の日本の公債残高のことを考えてもわかるように、それがいつ信用を失い、暴落へと至るのかは、さまざまな人々の信念（期待）によって決まっている。貨幣というものが持つそのような本質を理論の基礎に取り込むことで、新しい経済学が生み出される可能性は十分あるのである。歴史からの問題提起は、ここでも理論に影響を与える可能性がある。

トマ・ピケティの『21世紀の資本』

二〇一三年にフランス語で最初に刊行され、翌年に英語版・日本語版が刊行されたトマ・ピケティ（一九七一〜）の『21世紀の資本』が大きな論争を呼び起こしたことは記憶に新しい。本書は大部であるにもかかわらず、経済学者のみならず一般読者の関心をも惹きつけて、世界中の言語に翻訳されるほどのベストセラーとなった。本書が世界中にこのように大きな反響を巻き起こしたのはどうしてなのだろうか。

ピケティは約一五年もの歳月をかけて、過去二〇〇年以上にわたるヨーロッパとアメリカの税務データを収集して富と所得のデータを再構成した。本書が大部となっている理由は、このデータの量が膨大であることによる。分析の目的は、資本主義が人々の富と所得の分配に対してどのような影響をもたらすのかを調べることである。ここでは、富がストック概念で、所得はフローの概念だと確認することが重要だ。富が生み出す所得がさらに富の蓄積に影響し……という、富と所得のダイナミクスが分析の焦点である。ここで言う富は、時代によって形を変えるものの、基本的には土地や金融資産のことだと考えればよいだろう。

ピケティのデータが示した重要な結果は、資本主義の歴史を通じて、富と所得の格差は拡大する趨勢《すうせい》にあったことである。ただし、例外もある。一九三〇〜七五年の間には経済格差は縮小しているが、それはこの期間に、三〇年代の世界大恐慌、第二次世界大戦、さらに戦後の経済成長という重要な出来事が含まれているからである。世界大恐慌、戦争は資本の破壊をもたらしたし、戦後の経済成長の時代に見られたインフレは資産価値を減少させた。もちろん、経済成長は所得の増加に寄与したし、戦後の経済政策は概して累進課税を強化する方向に向かっていた。これらのことが、一時的に富と所得の格差を縮小する原因となったのである。

つまり逆に言えば、こうした特殊要因が作用しない場合には、資本主義は基本的に格差を拡大するというのがピケティの主張である。一九七五年以降は、新自由主義的な傾向が強くなって、再分配政策が重視されなくなったばかりか、それが経済に対してネガティブに作用するという考え方が経済政策にも反映されるようになった。現在は、さらに大きな富の不均衡へと向かっており、何らかの手を打たなければ、社会的・経済的不安定性が増大するというのがピケティの見立てである。ピケティが提案するのは、グローバル累進資本税の導入により資本の収益率rを引き

トマ・ピケティ

下げることである。その際に、富裕層による資産の逃避を防ぐために、国際協調によって税率を一律にすることが必要であると主張される。

　しかし、こうした議論の背景をなす理論の部分については、批判も多い。ピケティは、富を持っている人に対する収益率rが、所得の成長率gより大きいことが、経済格差を大きくする原因であるという理論を提示している。有名なr＞gという不等式である。実際、過去二〇〇年のデータについても、資本収益率rが平均的に五パーセントなのに対して、経済成長率gは一～二パーセントにすぎないことが富の不平等な分配の原因となっていると主張するのである。また、二一世紀は成長率gが停滞すると予測できるので、今後も経済格差が拡大するだろうと予測している。しかし彼の理論は独自の資本の定義や貯蓄率の定義に基づくものなので、既存の経済理論との整合性について、さらに検討する必要があるだろう。

　ただ、この本が高い評価を受けている理由は、彼が提示した理論とは別のところにあると考えられる。これまで経済学者の多くが行ってきた経験的研究では、研究者の間で広く標準的に用いられてきたモデルを前提とし、それに現実のデータを突き合わせて評価するという手法が用いられるのが通常である。結局は、理論先行の研究方法である。

　これに対して、ピケティは標準的経済学のモデルをあらかじめ想定してそれを用いるのではなく、現実の歴史的データを用いて分析し、結論を出そうとしているのだ。そこで得られた結論が予想外のものだったことが、経済学者にとっても衝撃を生んだと解釈できる。つまり、ピケティの研究は、どちらかと言えばデータ先行なのである。

経済学研究において、理論が先行すべきか、それともデータによる証拠が先行すべきなのかという論争は、歴史のなかで繰り返されてきたものである。すでにミルが、経済学を主として演繹的方法によるべき学問として特徴づけたことについては、本書のなかでたびたび述べてきた。一八八〇年代にも、カール・メンガーを中心とするオーストリア学派と、グスタフ・フォン・シュモラーなどのドイツ歴史学派の間で「方法論争」(Mothodenstreit) と呼ばれる論争が行われている。そこでは、統計的・歴史的な資料の収集と研究から帰納的に経済学研究を行うべきだと考える歴史学派に対して、オーストリア学派は経済学が演繹に基づく学問であると主張していた。

この論争の後の二〇世紀に経済学が辿った道を振り返るとき、理論先行の経済学が圧倒的に優勢となったことをわれわれは知っている。しかし、このことには、新古典派のアプローチが経済理論を発展させる余地が大きく広がっていた当時の時代背景が影響しているかもしれない。また、本章で述べてきたように、現在の経済学は歴史から学ぶべきものが多く存在していることを意識しつつあるので、今回は違った結果をもたらすかもしれない。ピケティが巻き起こした論争の今後の展開に注目したい。

終章　経済学の現在とこれから

五つのポイント

ここまで読み進めてこられた読者は、経済学の現在についてどのような感想を抱かれただろうか。終章では、これまでの章で述べられてきた二〇世紀後半から現代へと至る経済学の多様な進化のプロセスを振り返ったうえで、この進化がどのようなことを意味しているのかについて考えてみたい。さらにその延長線上で、より広く経済学がわれわれの社会とどのような関係にあるのか、あるべきなのかについても考えてみよう。当然のことながら、後半部分の内容はかなりの程度、筆者独自のものである。また、筆者にとっても研究途上であり、論理的に煮詰まっていない部分がかなりあることはあらかじめお断りしておきたい。

具体的には、本章の構成は以下のようになっている。

(1)まず始めに、経済学が二〇世紀後半以降、その対象を拡張すると同時に、方法をも多様化してきたという事実を、これまでの各章を概観する。

(2)次に、こうした経済学の対象の広がりと方法的多様化が、経済学やその他の科学一般に対する見方の転換と深くかかわっているということを述べる。具体的には、もはや経済学を法則定立的な科学と見る見方を維持することは難しく、現在の経済学が持つ不十分なところを法則定立的な仕方で再建しようとする試みは成功しないだろうということである。

(3)では、法則定立的でない経済学のあり方はどのようなものなのだろうか。それを、筆者は、対象を限定して理解・説明しようとするメカニズムという言葉をキーワードにして説明したい。経済学ではモデルを使用し、その結果を用いて現実に関する言明を行うことが通常である。これを「モデル - メカニズム - 現実」という三つの項の関係として説明しようとする。

(4)法則定立的な科学観に深く関係している考え方として、経済学が客観的対象としての経済現象を記述し、分析し、説明する科学であるという考えがある。それは世界→心(思考)という方向で考えていることを意味しているが、近年ではこのような考えを揺さぶる研究も現われつつある。ここでは逆に、人間の思考が現実世界のあり方に大きな影響を与えるということを「遂行性」という概念を用いて説明し、経済学が経済現象に大きな影響を与えている可能性について示唆する。

(5)最後に、リアルな人間行動にまで対象を広げてきた経済学の多様化と遂行性の概念とを組み合わせて、今後の経済学がどのような方向に向かっていくのか、向かっていくべきなのかを考えたい。人間行動に対する自然科学的な研究アプローチは、実のところ、近代社会を根底から覆しうる潜在的危険性をも孕んでいる。このような研究分野をも内包した経済学は、より広く人間を研究する人間科学の一部となることを目指すべきではないかというのが、筆者の主張である。

経済学の対象の広がりと方法的多様化

経済学は二〇世紀半ばまでには経済現象に数学的手法を応用する学問として確立されたかのように見えた。序章でも述べたように、これが一九六八年にノーベル経済学賞が設立されることになった際の背景である。さらに、アローやドブルーによって一般均衡理論が完成されたことは、経済学が公理的体系として演繹的に構成された学問体系であるというアイディアを強固なものにしたと思われる。

もちろん、当時もさまざまな非主流派的アプローチが存在していたことは間違いないし、本書がそうしたアプローチを正当に扱ってきたとは言えないだろう。しかし、ここで重要なのは、このように一度収斂するかに見えた正統派の経済学を経由することで、二〇世紀の後半には、再度多様なアプローチが次々と登場してきたことである。これらの新しいアプローチは、しばしば正統派自身の内側から登場してきた。そして現在では、もともとイメージされていた経済学の姿を完全に更新してしまっているかのように見える。

本書の内容に沿って、経済学の対象の広がりと方法面での多様化を具体的におさらいしてみよう。

第2章で説明したゲーム理論は、それまでの経済学がほとんどの場合に、市場を経由した主体間の相互作用（インタラクション）に焦点を当ててきたのに対して、プレーヤーの行動が直接的に他のプレーヤーに影響を与えあう「ゲーム的状況」の経済分析へと経済学を拡張するものであった。これにより、私益の追求が社会全体の利益に一致する「見えざる手」の論理が働く市場の世界とは異質の世界を分析の俎上に載せることになった。ゲーム理論が経済学に与えた甚大な影響は数々あるが、第2章で特に強調したのは、ゲーム理論によって、人間行動の観察された規則性を説明する際に、信念と行為の組み合わせという観点が導入されたことである。その結果として、われわれは異なる複数の均衡が存在しうることを理解できるようになった。

第3章は、こうした流れが、広い意味でマクロ経済学にも影響を与えることになったことを論じた。マクロ経済学はGDPという集計量を発明し、政府が行う経済政策の効果を捉えるための経済学を打ち立てた点に画期的意義があった。しかし、経済システムの内部にいる人々が将来の予想を形成しつつ行為を選択するという「期待」概念の導入によって、その後のマクロ経済学は大きく理論的な変貌を遂げてきた。「期待」という概念は、ゲーム理論における信念と類似した概念である。

第4章で扱った行動経済学は、それまでの経済学の理論体系のなかで「公理」として前提され、ほとんど疑われることがなかった現実の人間行動の分析にまで経済学を拡張することに成功した。行動経済学では、人間行動を扱うという研究の性質上、心理学、認知科学、脳科学、進化生物学との間で方法論や概念枠組みに関する学際的交流を行うことが自然なことでもあり、これが経済学全般の学際化にも寄与することになった。そのなかで、自然科学的研究手法が経済学に導入されるようになったことは、非常に大きな転換だと言える。

第5章の実験経済学では、これまで経済学でまったく価値のないものとみなされていた「実験」という発想が多様な仕方で経済学を変えつつある現状を論じた。初期の実験室実験は、理論を検証したり、理論では扱いにくい市場のダイナミクスを観察したりする目的のために行われたが、今日の実験室実験は主にゲーム理論の文脈で、行動経済学と連携して人間行動の社会性を解明するために用いられている。また、「実験」という発想は、実験室実験とはまったく別の方向からも経済学に影響を与えるようになった。一九七〇年代以降、統計因果という分野が立ち上がり、データによって因果関係を識別するための手法が発展してきたのである。この発想をもとにして、開発経済学におけるRCTを含めて、フィールド実験が大きな成果をあげるようになった。政策的介入には当然、相関関係だけでなく因果関係の識別が重要となるので、「証拠に基づく政策」という言葉が示すように、実験研究の成果は政策策定の場面でも大きな役割を果たしている。

第6章では、それまでもっぱら市場制度を対象としてきた二〇世紀の経済学が、市場以外の制度の重要性に再び着目するようになった経緯と、そのアプローチがわれわれの市場に対する見方を変えるとともに、市場を一部とする経済制度に対する見方をどのように広げてきたかを論じた。

第7章では、二〇世紀後半以降の経済史の研究のなかから経済理論に大きな影響を与える可能性があるものを選択し、理論と歴史との新しい対話の可能性が生じつつあることを述べた。経済史は人類が実際に辿ってきた経路を事実の側面から見るものであり、われわれが経済を研究する目的の大半はそこにあると言っても過言ではない。経済学そのものが多様化するなかで、経済史研究にも新たな視点が取り入れられつつある。

反対に経済史の研究は、歴史的時間を考慮することができない経済理論に対して、応用の素材を提供したり、新理論へのインスピレーションを与えたりする関係にもあるので、相互作用（インタラクション）は大きな可能性を秘めている。

法則なき経済学

このような現代経済学の対象の広がりと方法的多様化を、どのように見たらいいのだろうか。二〇世紀の半ばに一連の論争がほぼ収束して新古典派経済学やケインズ経済学が確立していく際にも、これらの経済学体系に対しては多くの異論が寄せられていた。

研究者は既存のものを超えるべく研究しているものなので、それは当然のことである。その際に、新古典派経済学やケインズ経済学の限界を超えて、それに伍するような体系的な新理論の構築を目指すべきだと考える人も多くいただろう。このようにあくまで体系的な新理論を目指す研究者の立場からすれば、現代経済学の変化のプロセスは、一貫した秩序を欠いた「混迷」の連続とみなされるかもしれない。

しかし筆者は現代経済学の進化について、これとはまったく対照的な見方をしている。本書で記述してきたプロセスは、主流派経済学の体系が事実を十分に説明できなくなった結果、新しいパラダイムが登場し、旧理論を置き換えるようになったのだとは言えないのである。筆者自身は、新古典派理論もケインズ経済学も完全に時代遅れとなったわけではなく、今日の経済モデルの構築にも大いに役立てられているし、それには十分な理由があると考えている。では、どうしてそのようなことが可能なのか。

新古典派の理論が完成されていく当時は、哲学の世界では論理的経験論の力が強く、科学に対する見方もこれに大きな影響を受けていた。この学派の公理的体系性を重視する科学観が経済学者にも影響を与えて、基礎にある人間行動仮説を疑うことを困難にしてきたことについては、たびたび触れてきた。しかし、この科学観には他の重要な側面もある。それは、現実の現象の科学的説明というものを、何らかの普遍的法則と初期条件を組み合わせることで、実際の現象を演繹的に導出するプロセスと捉えていることである。カール・ヘンペルによって提案されたこのような科学的説明のモデルは「演繹的・法則的モデル」あるいは「D

－Nモデル」と呼ばれている。このような考え方からすれば、科学にとって普遍的法則の探求はきわめて重要な位置を占めることになる。

しかし、このような科学観は二〇世紀を通じて、次第に力を失いつつある。現在では、科学研究の本質は法則探求にあるのではなく、むしろメカニズムの解明にあると考える哲学者が登場してきている。実際、本書でこれまで述べてきたことからも明らかなように、経済学においても、普遍的法則と明確に呼べるものはほとんどないことがわかるだろう。その理由はいろいろと考えられるだろうが、一つには、第4章で述べたように、経済学が扱う経済のシステムが、物理学などが対象とするシステムとは異なり、その振る舞いが人間の意思決定で決まるという特徴を持っていることである。このことは、人間が自分の行動が持つ社会的意味や経済システムの振る舞いを自覚しているという複雑性がシステムの内部に内包されることを意味しており、普遍的法則と呼べるほどの関係の導出は難しいといえる。

少し長くなるが、カール・クレイヴァとジェームズ・テイバリがスタンフォード哲学百科事典の一項目「科学におけるメカニズム」として執筆した論文から引用しておこう（拙訳）。

二〇世紀の科学哲学は概して論理的経験論に支配されてきた。それは整合的な説の集合というよりは科学哲学を行う枠組みであり、科学的思考と実践を構成する論理的・数学的構造のレンズを通して、科学哲学における一連の問題に取り組んできた。論理的経験論は、概して、抽象的で認識論的な科学の特徴に焦点を当てる一方で、科学的実践にはほとんど注目してこなかった。物理学が支配的な範例であった。

新メカニズム哲学は、二一世紀への世紀の変わり目頃に、科学哲学について考える新たな枠組みとして登場してきた。この枠組みを展開してきた哲学者たちは、論理的経験論と比較すると、科学の実践家や科学史家たちであり、概して、物理学よりも生物学に焦点を当てる傾向にある。

では、近年注目されるようになった「メカニズム」とは何なのか。この論文を見ても、論者によってメカニズムとは何かという問いに対する回答はさまざまであるようだ。ここでは、最大公約数的な回答を筆者なりに消化して提示することにしよう。

あるシステムが一定の振る舞い（現象）を示しているとしよう。このときに、システムを構成する存在物（entity）あるいは部分が、それらの活動やインタラクションによって当該の現象を生み出すように組織化されているとき、その組織化された状態をもとの現象に対するメカニズムという。法則という概念が原因と結果（前提条件と帰結）に着目するのに対して、メカニズムを知ることとは、そこで何が起こっているのかを知ることを意味する。たとえば貨幣供給量の増加とインフレとの関係を考えるとき、両者の関係に見られる規則性に着目するのが法則であるとするならば、貨幣供給量の増加が他のさまざまな要因を経由して最終的にインフレを引き起こすプロセスを、より細かく説明するのがメカニズムによる説明である。

ここで注意しておきたいのは、メカニズムがあるからといって、現実のなかで、それが必ず想定された結果を引き起こすとは限らないことである。というのは、メカニズムは現実世界の現象の一部を切り取ったものなので、メカニズムのなかで把握されている因果の連鎖を阻害する要因は現実世界のなかにいくらでもありうるからである。たとえば、先に述べた例では、貨幣供給量の増加がインフレを引き起こすメカニズムがあったとしても、そのなかの因果連鎖を阻害するような別の要因が現実に作用するかもしれない。また、同じ現象に対して、それを説明するメカニズムは多数ありうるだろう。しかも、どの条件で、それらのうちのどのメカニズムの引き金が引かれるのかは、メカニズムの説明それ自体の内部では明確にならないだろう。

社会理論家ヤン・エルスター（一九四〇〜）は、社会科学は普遍的に成立する法則を把握する段階にはなく、社会現象を説明するために、小規模あるいは中規模のメカニズムを解明することに専心すべきであると述べているが、筆者もこの考え方に共感している。これまで本書のなかで見てきた経済学研究は、すべてこのようなメカニズムの探求とみなすことができるのではないだろうか。一つのメカニズムで経済現象全体を網羅することは到底不可能であり、われわれは多くのメカニズムを提案することによって現実の経済現象をカバーしようとしている。研究者は自分が関心を持つ現象について、その現象に対応したメカニズムを探求しているのである。この観点から見れば、新古典派経済学のモデルもまた、一つのメカニズムのモデルとみなされるのであって、市場現象をすべて網羅しているとは言えないだろう。

モデル分析と現実世界

メカニズムを探求するために、経済学者が使うツールは多くの場合、理論モデルである。メカニズムと同様に、モデルとは何か、われわれはモデルをどのように使用して現実に対する認識を獲得しているのかという論点をめぐっても、今日、哲学者や科学を実践する人々の間で活発な議論が行われている。一般的にいえば、モデルとは現実世界について何かを述べる際に用いられる存在物のことである。経済学における理論モデルは通常、数学的に定式化されたモデルであるが、なかには第3章で言及したように、アルバン・フィリップスがマクロ経済を把握するために制作した機械のようなモデルもある。

通常、経済学者はいくつかの仮定を設けて数理的な理論モデルを構築し、モデルの内部で演繹的推論を行って、モデル内部で成立する結論をいくつか導き出して論文を執筆する。そしてきわめて単純化した言い方をすれば、理論モデルで得られた結果が正しいことを前提として、政策提言などを行っている。しかし、経済学者の頭のなかにあるモデル世界で得られた結論が、どうして現実世界に当てはまると言えるのだろうか。

一つの素朴な考え方は、モデルは現実世界のあり方を「抽象化」して得られたものなので、そこで得られた結果が現実世界で通用して当然とするものだ。しかし、経済学者がモデルを作成するうえで行っているのは、厳密に言うと抽象化だけではない。抽象化とは、実際にあるもののうち不要なものを切り捨てて、本質的なものだけを残すことだが、経済学のモデルは、現実には絶対に成立しない仮定を含んでいるのが普通である。たとえば、有名なホテリングの立地モデル――二つの企業がより多くの顧客を獲得するために立地を選択するモデル――では、顧客が長さ一の線分に沿って一様に分布していると仮定されている。ここでは顧客の一人ひとりは長さ一の線分の上の一つひとつの点に対応しているので、顧客は無限に存在している（全体では長さは一になっているが、そのなかには無限の点が存在している）。

このように現実にはありえない想定をもとにモデルを構築することは、抽象化と区別して「理想化」と呼ばれているが、これは科学研究の常套手段である。たとえば、ニュートン力学を用いて天体の軌道を計算する際に、重量が空間的広がりのない点に存在していると仮定することは、明らかに現実にはありえない理想化だが、それに基づいた計算結果には十分信頼が置けそうだ。しかしここには、いわば誤った（現実に妥当しない）仮定に基づいて導いた結論が、どうして現実妥当性を持ちうるのかという問題がある。

一つ確実に言えるのは、モデル内部の論理的推論と現実世界での妥当性を考える推論とを同一レベルに置けないだろうということである。もしこれら二つの推論が同じレベルだとすると、モデルのなかで理想化を行っているとすれば、現実世界のなかでは妥当しない前提から結論を導いていることになる。しかし、論理学では誤った仮定からはどのような結論を出す文も真となってしまうから、そのような論理操作は空虚なものとなってしまう。

では、理論モデルの世界と現実世界における妥当性は、どのような関係にあると考えるべきなのか。そして、そこに前の節で述べたメカニズムはどのように関係してくるのか。これはきわめて難しい問題なので、筆者が考えようとしていることを論証抜きで漠然と述べることしかできないが、蛮勇を奮って、試みにそのアイディアを提示してみよう。

まず、理論モデルとの関連で考えられている現実世界というのは、実際には現実の現象をすべて含んでいるわけではないので、前節で説明したメカニズムだと考えられることである。メカニズムというのは、システムが何らかの現象を示しているとき、システムを構成する要素が組織化されて当該現象を作り出している状態のことであった。

では、理論モデルは人間が制作するものであるのに対して、メカニズムは現実の現象に属するものなのか、それとも人間が制作するものなのだろうか。これは是非とも回答しなければならない問いであるが、極端に難しい問いである。しかし、二〇世紀の哲学において、あらゆる概念構成から自由で、概念操作のために与えられただけの感覚（「感覚所与」と呼ばれている）を想定することができないと論じられてきたように、メカニズムもまた現象そのものというよりは、現象に対してわれわれが何らかの概念的な読み込みを行ったものと考えることができるのではないだろうか。

このように考えると、理論モデルが直接的にかかわるのはメカニズムである。そして、理論モデルとメカニズムとの関係は、前者が後者を「表現する」（represent）という関係であると考えられる。モデルがメカニズムの表現となるのは、モデルが何らかの仕方でメカニズムと類似しているからである。類似しているという関係には、「どのような点で」ということと「どの程度に」ということが含まれているが、いずれにせよ、類似性がきわめて曖昧な関係なのは間違いない。しかし、この類似性を手掛りにして、われわれはモデルを使用し、メカニズムについての言明を行っていると考えられるのである。この判断基準は、専門家集団としての経済学者が規範的に共有していくものである。

そして、先に述べたように、ある現象に対するメカニズムが見出されたからといって、それが現実の現象を一〇〇％予測するかというとそうではないし、同一の現象に対して多くのメカニズムが提案されうる。どのような状況で、いかなるメカニズムを適用して予測を行うのかもまた、専門家の洞察によるとしか言えないだろう。

このような描像の一つの含意は、経済政策の提言を行う人は、経済学の理論モデルとメカニズム、そして現実世界との厄介な関係に関するメタレベルでの理解を前提としたうえで、理論モデルを活用できなければならないということである。現実の状況についての深い洞察に基づき、その特定の状況では、どのメカニズムが作用する可能性が高いのかを判断したうえで、政策効果を見極める必要があるのである。モデル、メカニズム、現実世界との関係に関するメタレベルの理解のなかには、過去の類似のケースでどのようなことが発生したのかという解釈も必要であろう。歴史もここに入ってくるのである。これらの意味で、政策提言はどうしてもアートたらざるをえないと言えよう（この論点については、［瀧澤二〇一五］をも参照）。

経済学には、相互に矛盾しあう可能性のあるモデルがいくつも存在し、それぞれに役割を果たしている。たとえば経済システムに対して還元主義的なアプローチをとるミクロ経済学と、非還元主義的なアプローチをとるマクロ経済学は、大学教育で長い間並列して教えられてきている。マクロ経済学の内部でも、古典派やそれに連なる流派とケインズ経済学の考え方の両方を教えられることが多い。それは、どちらもそれぞれに経済の異なるメカニズムを抽出していると考えれば、必ずしもおかしなことではない。

さらに言うならば、さまざまなモデルは互いに他に言及し、その内容を取り込むような関係のネットワークを形成しており、経済学はこうしたモデルのネットワークとして存在していると言える。新古典派経済理論の根幹をなす経済主体の最適化行動も分析目的によっては、モデル構築の要素としてきわめて使い勝手が良いかもしれない。その限りにおいて、合理的主体を前提とした経済モデルはこれからも生み出されるに違いない。

もちろん、このことは経済学が現在あるものをそのまま肯定して進んでいくという意味ではない。ある種のモデルは、経済学者が扱うネットワークのなかで次第に用いられなくなり、実質的に退場を迫られることになるだろう。

経済学の遂行性

経済学が法則的把握を目指す科学であるという考え方が力を失いつつあることに関連して、もう一つの論点が存在している。それは、そもそも経済学が客観的な科学たりうるのかという論点である。この論点は、経済学に限らず、社会科学一般にかかわるものである。そして、それは一九世紀から二〇世紀にかけて行われた哲学論争の中心的なテーマでもあった。

序章でも触れたことだが、経済学が一つの分野として確立するようになった背景には、市場経済が急速に発展するにつれて、市場がそれ自身で独自の作用の仕方を示す領域だという意識が次第に強くなってきたことがある。この考え方を少し極端にすれば、市場で観察される現象は客観的なものであり、われわれは自然科学と同じ仕方で、そこに通底する法則を把握できると発想するようになるのも頷けるだろう。経済学が物理学とのアナロジーで捉えられるようになったのも、こうした思考の流れのなかで自然と理解できる。

しかし、それは本当だろうか。まずは、社会科学の対象と自然科学の対象が異なることをわからせてくれる哲学者ジョン・サール（一九三二〜）による客観的／主観的という二分法に関する説明に耳を傾けてみよう。彼は客観的／主観的ということの意味の領域を二つに分け、区別して考えるべきだと主張している。存在論的に客観的／主観的ということと、認識論的に客観的／主観的ということの区別である。

存在論的というのは「存在の様式」に関係していることを意味している。存在論的に主観的というのは、観察者とは独立に存在している事態を示し、存在論的に主観的というのは、観察者の主観によってのみ存在している事態を示す。たとえば、サールが挙げている例でいえば、山、氷河、力、質量、重力、太陽系、光合成、水素原子などは存在論的に客観的であり、痛み、痒み、思考、貨幣、財産、政府、フットボール、カクテル・パーティ、その他のあらゆる制度などは存在論的に主観的である。これに対して、認識論的ということは、言明に関する分類である。認識論的に客観的というのは、その真偽が観察者の主観から独立であることを意味し、認識論的に主観的というのは、その真偽が観察者の態度、好み、評価によって変わることを意味する。たとえば、「レンブラントは一六〇六年に生まれた」ということは認識論的に客観的な言明で、「レンブラントはルーベンスよりも良い画家だ」というのは認識論的に主観的な言明である。

サールによれば、素粒子、液体、化学物質などは存在論的に客観的であり、これに対する命題は認識論的に客観的だが、こうしたことを論じるのが自然科学である。では、存在論的に主観的なものについてはどうだろうか。サールは、貨幣、財産、国家、社会などは存在論的に主観的であるが、こうしたものに対しても認識論的に客観的な命題を述べることができると言う。それが社会科学である。

サールの議論は、社会科学が客観的でありうるための地盤ならしをしてくれているとも言えるのだが、存在論的に主観的なものを対象とする社会科学は、やはり重要な点で存在論的に客観的なものを対象とする自然科学とは異なるのではないだろうか。

存在論的に主観的なカテゴリは、別の言い方をすれば、われわれが社会のなかで構成しているカテゴリである。ある概念が社会的に構成されているということには、われわれがその概念を一定の仕方で理解し、それに基づいて社会的実践を行い、それがさらにもとの概念の妥当性を強化するといったプロセスが作用していることを意味している。ここでは、存在論的に主観的な概念を人間が作り上げて、それが人間の行為やそれによって形づくられる外界を規定していく方向性、すなわち心から世界へという方向性を強調しておきたい。

このような、社会科学・人間科学とわれわれの社会生活の間にある相互に構成的な関係のことを哲学者のイアン・ハッキングは「ループ効果」と呼んでいる（正確にはハッキングは「種類」について議論しているのだが、拡大した解釈をお許し願いたい）。ここでは、近年、社会学者、経済学者のなかで用いられることが多くなった「遂行性」（performativity）という言葉で、人間の概念が行為などを通して世界に影響を与えていく事態を捉えよう。

このように考えると、実は、経済学のような社会科学もまた、それ独自の概念構成を作り上げることで、それが記述の対象としているわれわれの社会的実践に対して遂行的な影響を与えていることがわかる。サールが言っているように、社会科学のなかで客観的な言明を行うことが可能であるにしても、社会科学は同時に、概念構成を通して社会に対して作用しているので、単にあるがままに存在している現象に対峙しているわけではないのである。

二つ例を挙げておこう。第一は、一九九〇年代後半以降に社会学者のドナルド・マッケンジーたちによって行われてきた「金融社会論」（Social Studies of Finance）という研究領域の成果である。

本書では、ファイナンス理論にはほとんど触れなかったが、オプションという金融派生商品の価格算出に用いられているブラック＝ショールズ方程式というものがある。開発に寄与したマイロン・ショールズとロバート・マートンは一九九七年に、この貢献によってノーベル賞を受賞している（フィッシャー・ブラックは一九九五年に亡くなっている）。マッケンジーは、この方程式が導出される歴史的プロセスを詳細に描写し、それが決して「正解」を与えるものではないことを明らかにしている。しかし、オプション・トレーダーがそれを共有し、トレーディングの際の「裁定」の基準として使用することで、オプション市場がブラック＝ショールズ方程式に合致するように動き始めたのだった。そればかりか、ブラック＝ショールズ方程式が仮定していた条件を整備するように、現実の金融市場の整備が進められていったという。経済学の知見が市場そのものを作り替えたのである。

第二の例は少し複雑で、本書の第6章でも論じたプリンシパル・エージェント・モデルにかかわる。すでに述べたように、プリンシパル・エージェント・モデルはコーポレート・ガバナンス問題の解決策を提供するものとみなされ、経営者報酬のあり方に大きな影響を与えることになった。コーポレート・ガバナンスの問題を、経営者行動をいかにして株主の意向に沿わせるのかという問題として設定し、株主と経営者の利害関係を同じ方向に揃《そろ》える仕方で、経営者のインセンティブ・システムを設計するという発想である。その基本的思考枠組みから具体的な報酬設計に至るまで、このアイディアは、おそらく今でも世界中のビジネス・スクールで教えられているだろう。

しかし、経営者のインセンティブ・システムの行き過ぎが、エンロンのスキャンダルに見られたような、道徳にもとる経営者行動の原因となったことは、多くの人が認めている。

このプロセスのなかで興味深いのは、経営者をプリンシパル・エージェント・モデルにおけるエージェントとみなすことで、もしかしたら経営者のアイデンティティそのものが影響を受けたかもしれない点である。かつての文字通り「管理をする人」としての経営者から、自らが大きなリスクをとっていく「起業家」としての経営者へのアイデンティティの転換である。もちろん、経営者のインセンティブ・システムだけがこのような転換を促したわけではなく、インセンティブ・システムの実践が経営者に対する社会の見方を変更し、ビジネス・スクールで教えられるようになり……という社会的プロセスを通して、そのようなことが生じたと考えられる。このプロセスのもう少し詳細な分析については、カーステン・ヘルマン＝ピラートとイヴァン・ボルディレフの『現代経済学のヘーゲル的転回』をご覧いただきたい。

経済学と人間観

最後に、前章までに記述してきたような経済学の多様な発展の仕方、とりわけ経済学がリアルな人間行動まで研究対象とするようになったことと、前節で説明したような遂行性の概念とを組み合わせて、筆者が近年考えていることを述べておきたい。それは、現代経済学が内包する方法論的多様性を二一世紀の人間社会にとって望ましい方向へと発展させるために、より広い「人間科学」の一部を構成するものとして、経済学を方向づけるという提案である。

行動経済学の一部の研究の展開や神経経済学の発展が、人間行動に対する自然科学的アプローチを強力に推進してきたことは第4章で述べた通りである。その結果、近代社会の基礎にある合理的で自律的な人間という想定は大きく覆り、環境の影響を受けやすく、しばしば不合理な行動選択をする人間観が生み出されてきた。もちろん、このことは経済学内部の研究だけによるものではない。むしろ、行動経済学や神経経済学の展開は、二〇世紀後半以降に急速に発展してきた他の諸分野における研究の展開から大きな影響を受けている。

二〇世紀前半の社会や学問が物理学の目覚ましい発展に大きな影響を受けたとすれば、二〇世紀後半以降は、ダーウィンの進化論がわれわれ人間にとって有するラジカルな意義がようやく理解されるとともに、そのアイディアが人間行動・人間社会の理解に役立てられるようになったと言えるだろう。進化のプロセスのなかでは、生物の個体は遺伝子が複製されるために必要とされるだけの「乗り物」にすぎないという考え方が理解され、浸透するようになったのはダーウィンの進化論が発表されてから約一〇〇年後のことであった。

これに伴って、社会生物学（現在では行動生態学と言った方がいいかもしれない）や進化心理学などが人間行動の理解に進化生物学を適用するような分野として登場してきた。それとともに、人間行動に対する自然科学的アプローチが再び頭をもたげてきた。たとえば、認知科学、脳科学といった領域もまた、自然科学的な因果把握のアプローチを用いて、人間行動を分析するようになってきたのである。行動経済学や神経経済学の勃興は、このような社会的・科学的思潮の変化と響き合っている。

ここで強調したいのは、このような研究の勃興が、ややもすれば危険な帰結を伴いうるということだ。人間の本性を単純化して捉えてしまうことで、社会におけるわれわれの自己理解に変化を与え、それがわれわれの社会制度を変化させるという遂行性が作用するからである。人間行動への自然主義的アプローチが生み出してきた研究成果は、人間行動をリアルに捉える成果を挙げる一方で、人間の操作のされやすさを利用する機会も拡張しうる。生命体を作り上げる基本情報がDNAの遺伝子部分にあることがよく知られている状況で（ただし、エピジェネティクスという問題があることについては、第4章でも少し論じた）、遺伝子操作の技術が進むならば、人間存在自体が作り替えの対象にもなってしまう。こうした研究が世の中に広がっていくにつれて、次第にわれわれの人間観も知らず知らずのうちに大きく変化しつつあるのではないだろうか。たとえば、社会学者の山口一男は『ダイバーシティ』のなかで、アメリカでの例として、今日では以前と比べて、裁判所の判決に遺伝情報や育った環境などが大きな影響を与えるようになってきたことを指摘している。

科学ジャーナリストのマット・リドレーは、「生まれか育ちか」に関する歴史的論争を概観した『やわらかな遺伝子』のなかで、われわれには真の人間本性を把握したと感じたときに、それに基づいて理想的社会の再創造を構想しようとする傾向があるという指摘をしている。われわれが単純な自然主義的人間像によって自己を理解するときには、それに対応する諸制度が提案され、創られていくことになるかもしれない。そのような人間社会の将来を予言しているのが、ユヴァル・ノア・ハラリの『Homo Deus』である。

同書のなかで彼は人間の将来に関して、さまざまなシナリオを思考実験の俎上に載せているが、最終的には、近代的なヒューマニズムの時代は終焉《しゅうえん》し、データ主義の時代へ移行するだろうという暗い見通しに傾いているようだ。ヒューマニズムの時代には、各個人が持つその人独自の感情や経験が大事にされて究極的権威を持つとされているが、その根底には人間が自由意志を持っているというアイディアがある。しかし、今日では、自然科学的観点からは自由意志の存在は否定されてしまっている。彼は、ビッグ・データのシステムがわれわれよりもわれわれ自身のことを知るようになり、われわれは自分に関する重要な意思決定を行う権限をアルゴリズムに委ねることになるだろうと予測する。さらに、このような変化に対応して、われわれは最先端の技術を駆使して、自らに遺伝子操作を行って、自分自身を作り替えていくかもしれない。近年の科学技術の発展を見るならば、これが決して荒唐無稽なシナリオとは言えないことは明らかだろう。

より広い「人間科学」へ

しかし、人間本性を自然科学的アプローチだけで把握できると考えるのは明らかに間違っている。人間は根本的に「制度をつくるヒト」(homo instituens)であり、制度的存在である。われわれ人間は先人たちが作り上げてくれた制度のなかで育ちながら、認知能力を獲得し、新たに制度を作り上げていく。しかし、人間存在のこのような制度的存在としての側面は、自然主義的アプローチで捉えることが困難である。

現在、神経経済学でも社会脳の研究が盛んに行われつつあるが、そこで徐々に明らかになりつつあるのは、人間の脳の活動状態もまた社会的制度の影響を大きく受けているということである。制度は言わば「第二の自然」のようなものであり、自然界に属するとも、人間界に属するとも言えない。われわれが外界に創り出しているとも言えるが、それはわれわれの考え方そのものに内在していて、外界を見る観点そのものを構成しているからである。

この点に関しては、哲学の方からも注目すべき議論が提出されている。近年注目を浴びつつあるドイツの哲学者マルクス・ガブリエル（一九八〇〜）は『I am Not a Brain』という著書で、人間存在の本質を脳に帰着させるアプローチを批判しつつ、人間は唯一、自己に対する概念（self-conception）を形成する精神的動物であると述べている。この自己に対する概念が、われわれがどのような社会制度を作り上げていくのかを究極的に決定しているというのが彼の主張である。

その社会制度のなかには、正義、道徳性、自由、友情のように、われわれの価値にまつわる概念が多く含まれる。だとするならば、われわれがどのような自己概念を持つのかは、われわれがどのような社会の仕組みを持とうとするのかに大きく影響するはずである。これも遂行性の議論の好例と言えるだろう。

ガブリエルは、このような自己に対する概念が歴史的・社会的な産物であることも強調している。したがって、近代的な自己に対する概念も当然、長い歴史を通じて、われわれが作り上げてきたものなのである。

では、経済学はどのようになっていくのか。これまで述べてきたことは、決して自然主義的アプローチを悪とみなして、それを否定すべきだということではない。筆者は、経済学が人間行動をも対象とするようになった現在ではむしろ、自然主義的アプローチをも包含した「人間科学」として、経済学が人間存在の本質を絶えず問い直しながら、自らを反省する包括的な科学になっていくことが必要だと考えている。そのようなことが可能なのかと思われるかもしれないが、ここでは一九世紀末から二〇世紀初頭にかけて活躍したドイツの哲学者ヴィルヘルム・ディルタイ（一八三三〜一九一一）の「精神科学」（Geisteswissenschaften）の構想が参考になると筆者は考えている。

ヴィルヘルム・ディルタイは、法則ベースの因果性によって「説明」をする自然科学と、人間の歴史的生活の「理解」を目指す人間科学（＝精神科学）とを区別したことで有名である。しかし、この方法論的区別はそれほど厳格なものではなく、ディルタイは人間科学に含まれるべき心理学や歴史の研究において因果的説明が駆使されることは当然と考えていた。むしろ、このような区別をすることによって彼が目指したのは、自然科学とは別個に、人間の経験の社会的・文化的次元を捉える科学の構想であり、このような科学にとって因果的説明には限界があることを指摘しようとしたのであった。カントが『純粋理性批判』によって、自然科学の基礎づけを行ったのに対して、ディルタイは人間の経験の社会的・文化的次元を対象とする『歴史理性の批判』を構想したのである。

ディルタイの構想の根底にあるのは、先の言葉を用いて言うならば「制度をつくる人間」像である。ここで、ドイツ観念論哲学の文脈における「精神（ガイスト）」の意味について若干の説明が必要である。しばしば誤解されるのだが、これは、物質と対極にあるものとして通常理解されているような意味での精神ではなく、人間の心的活動が遂行性を通じて外的に作り上げていくものすべて（たとえば制度全般）を含むものとして理解される。この概念は同じくドイツの哲学者であるヘーゲルによって創られたもので、ヘーゲルは主観的精神、客観的精神、絶対的精神を区別した。主観的精神とは、人間の意識や経験、そして他の人間とのインタラクションにかかわるもので、客観的精神とは、人間の行為が外的に表現して作り上げるものの領域を指す。絶対精神は、芸術、哲学、神学などにかかわる反省の領域である。特に注目すべきは客観的精神であり、それは主として市民社会の諸制度を指し、経済学もここにかかわっている。

ヘーゲルの哲学は、一九世紀後半から二〇世紀前半にかけて、それが持つ特有の形而上学的側面が敬遠されて、哲学の主流派からはほとんど無視されてきた。ディルタイはヘーゲル哲学が持つ形而上学的側面には反対したものの、基本的にヘーゲルを受け入れていた。彼はヘーゲルの分類における絶対精神を客観的精神に包含したうえで、主観的精神と客観的精神の領域に関する科学を「精神科学」としたのであった。現在の言葉で言うならば、人文科学(humanities)と社会科学(social sciences)がここに属するだろう。ディルタイは、人間の本質は人間が繰り広げる営為（客観的精神）から接近できるという構想を持っていたのである。

それと同時に、ディルタイは、このようなものとしての人間科学＝精神科学が規範的な側面を内包し、われわれの歴史社会を形づくっていくうえで重要な遂行的役割を果たすことをも明確に見通していたのであった。

現代において、経済学やその他の社会科学、人間行動科学を研究することは、必然的にわれわれの自己概念の形成を通して、人間社会の将来へとかかわっていくことを意味している。社会科学は、上述したような遂行性を通して、人間の自己認識の形成と切り離すことができないからである。経済学やその他の社会科学が自然科学とは異なる面を持つことを認識したうえで、人間観・社会観・制度観を深める方向での研究がますます必要になってくると思われる。そのような意味で、経済学が自然主義的アプローチを包含しつつも、より広く人間に関する現象を洞察する人間科学として発展していくことが望ましいのである。二一世紀にわれわれが直面しているさまざまな問題は、一九世紀に形成された今日の学問領域の壁を所与にしていては、対応できないだろう。このことも、より広い観点から人間活動を洞察する人間科学の登場を後押ししてくれるだろう。

あとがき

本書の論点は多岐にわたっているが、まえがきで述べたように経済学全般を取り扱うことを意図してはいない。とはいえ、ここで本書の参考文献や言及できなかった点について、いくつか補足的説明を加えたい。

まずは参考文献について。ミクロ経済学とマクロ経済学の教科書はたくさんあって、どれを選ぶかは悩ましい問題である。ただ、ミクロ経済学とマクロ経済学の教科書はどれも基本的には同じ内容を取り扱っていて、教科書で異なるのは論理展開の厳密さの違いといえる。数式をなるべく使わず直観的に理解したい人向けの本もあるし、厳密に理解したい人向けの数学的な説明を含む本もある。ぜひ書店や図書館に足を運び、実際に本の中身を見て、どの教科書を読み進めるかを決めてほしい。

ＭＯＮＩＡＣの説明は文字情報だけではイメージしにくかったかもしれない。動画で機械が動いている様子を見られるので、興味のある読者はたとえば「Making Money Flow: The MONIAC」（https://youtu.be/rAZavOcEnLg：２０１８年7月11日最終アクセス）を見るとよいだろう。

次に、言及できなかった点について。「マーケット・デザイン」は経済学とはまったく関係ないようにみえるところでも、その研究が活用されている。この分野の解説本は、新書や一般向け書籍で何冊もでているので、経済学の広がりを知るのに適しているかもしれない。本文でも触れた研修医マッチングについては、医師臨床研修マッチング協議会（https://www.jrmp.jp/：2018年7月11日最終アクセス）を参照してほしい。「組合せ決定のアルゴリズム図解」のページは、アニメーション付きでわかりやすい説明だと思う。

近年は貿易自由化や移民の問題など、国際経済にまつわる話題が紙面を飾ることが少なくないが、本書では国際経済学を取り上げなかった。これは、国際経済学の分野で進展がない、ということを意味しない。表P-2（20〜21ページ）を見ていただければわかるように、国際経済学の分野でノーベル経済学賞を受賞した研究者もいる。大きな書店に行けば、「国際経済学」のコーナーに多くの教科書が並んでいることに驚かれるだろう。貿易論については、田中鮎夢（二〇一七）「やさしい経済学——国際貿易論の新しい潮流」と題する連載がRIETIのウェブページで公開されている（https://www.rieti.go.jp/jp/papers/contribution/yasashii23/index.html，2018年7月11日最終アクセス）。こちらもあわせて参照してほしい。

同様に本書でほとんど触れられなかった計量経済学は、経験的研究に欠かせないものである。計量経済学もまたモデル科学として、本書の最終章で取り上げたようなモデルと現実との関係という問題を内包するものであり、内部でさまざまな論争が行われている。しかし、現段階での筆者の能力では、そこまでは書き及べなかった。参考文献に掲げた『「ほとんど無害」な計量経済学』は数学的知識がないと読み進めるのが大変だと思うが、最近は新書や一般向け書籍でも統計学や計量経済学を丁寧に説明してくれるものが多くある。「因果推論」や「原因と結果」、「統計思考」といったキーワードで検索し、レビューを参考にしつつ、自分に合った本を見つけていただきたい。

また、本書のサブタイトルにある「制度論」は、社会科学全般にとって非常に重要な概念であり、新書サイズのわずか数章で論じられるようなトピックではない。特に経済学者の一部において、制度とは何なのかを考えることから、新たな研究が立ち上がっていることは特筆に値する。故青木昌彦スタンフォード大学名誉教授もまた、早い時期からこの問題に取り組んでおり、筆者はそこから多大な影響を受けてきた。

宣伝になってしまい恐縮ではあるが、フランチェスコ・グァラが執筆した『制度を理解する』［原題：Understanding Institutions］を目下翻訳中なので、制度論についてさらに知りたい読者はこの本を参照していただければ幸いである。経済学では制度はたいてい「均衡としての制度」か「ルールとしての制度」とみなされるのだが、哲学者ジョン・サールが提案した構成的ルール（constitutive rule）「Xは文脈CにおいてYとみなされる」をも組み入れた、制度の統一理論を目指す野心作である。

グァラの本は分析哲学的伝統からの制度論であるが、ヘーゲルを制度の哲学者として再解釈し、そこからのドイツ哲学の伝統で制度を考える経済学研究者もいる。これは、一部は本書最終部分のディルタイの精神科学の提案にも反映されている。私自身も「制度をつくるヒト」(homo instituens) という言葉を提案し、これを手がかりにして、制度の意義を探究しつつある。

本書は、一見して、経済学における多様な新分野の登場をそのまま記述した教科書的なものに見えるかもしれないが、実際には良くも悪くも、ところどころに独自の見方が織り込まれている。こうした筆者の考えは、上述した青木先生を始め、多くの方々との議論によって形づくられてきたものである。最近では、エアフルト大学マックス・ヴェーバー文化科学・社会科学高等研究所のカーステン・ヘルマン＝ピラート氏との長時間にわたる議論が筆者に大きな影響を与えてきた。彼と出会うことができたのも、青木先生のおかげである。

現在滞在させていただいているエアフルト大学の同研究所において、多くの天才的な社会学者、哲学者たちと議論するにつけても、経済学者以外の人たちと議論することが重要だということに気づかされる。この点では、中谷巌先生が主宰する不識《ふしき》塾において、長年にわたりさまざまな方々と経済学にとらわれない幅広い議論をさせてもらったこともまた重要である。塾長の中谷先生はもとより、そこで出会うことができた前田建設の岐部一誠さん、不識塾の小川尚登さん、中村真理さん、立命館大学の山下範久先生、ライターの斎藤哲也さんに対して、多大な感謝の意を表したい。

しかし、本書が現実に形をとることになったきっかけは、中央公論新社の上林達也さんとお会いし、いろいろな点で意気投合したことである。本書執筆のプロセスでは、上林さんと中央大学大学院総合政策研究科の水野孝之くんに大変お世話になった。上林さんには、適時のナッジと文体のくせの訂正等々で、水野くんには、さまざまな情報源の指摘や全体的目配りの点などで助けられた。本書が少しでも良いものになっているとしたら、上林さんと水野くんのおかげだと思う。しかし、これだけ広い分野にわたる話を書くならば、不十分な点や誤りもあるのではないかと恐れている。誤りは筆者のものであるが、読者諸氏からご指摘をいただければ幸いである。

最後になるが、家族に対して感謝したい。その支えがなければ、今に至る研究活動を継続することはできなかったからである。

二〇一八年七月

エアフルトにて　瀧澤弘和

Harari, Y. (2015), *Homo Deus: A Brief History of Tomorrow*, London: UK, Vintage.
Gabriel, M. (2017), *I Am Not a Brain: Philosophy of Mind for the Twenty-First Century*, Cambridge: UK, Polity Press.
Makkreel, R., "Wilhelm Dilthey", The Stanford Encyclopedia of Philosophy (Fall 2016 Edition), Edward N. Zalta (ed.), URL = https://plato.stanford.edu/archives/fall2016/entries/dilthey/

写真出典

AP/アフロ：ダニエル・カーネマン
ロイター/アフロ：ジョン・ナッシュ
picture alliance/アフロ：トマ・ピケティ
毎日新聞社：青木昌彦
読売新聞社：ダグラス・ノース

フェリックス・マーティン（2014）『21世紀の貨幣論』遠藤真美訳、東洋経済新報社
トマ・ピケティ（2014）『21世紀の資本』山形浩生・守岡桜・森本正史訳、みすず書房

終章

Hardt, L. (2017), *Economics Without Laws*, London: UK, Palgrave Macmillan
Craver, C. and J. Tabery "Mechanisms in Science," Stanford Encyclopedia of Philosophy (Spring 2017 Version), Edward N. Zalta (ed.), URL = https://plato.stanford.edu/archives/spr2017/entries/science-mechanisms/.
ヤン・エルスター（1997）『社会科学の道具箱　合理的選択理論入門』海野道郎訳、ハーベスト社
Sugden, R (2000) "Credible Worlds: The Status of Theoretical Models in Economics," *Journal of Economic Methodology*, Vol. 7, pp. 1-31.
瀧澤弘和（2015）「経済学を用いた政策提言について」所収：眞嶋俊造・奥田太郎・河野哲也編著『人文・社会科学のための研究倫理ガイドブック』、慶應義塾出版会、pp. 222-229
Searle, J. (1999), *Mind, Language And Society: Philosophy In The Real World*, New York, Basic Books.
イアン・ハッキング（2006）『何が社会的に構成されるのか』出口康夫・久米暁訳、岩波書店
MacKenzie, D. (2003), "An Equation and its World: Bricolage, Exemplars, Disunity and Performativity in Financial Economics," *Social Studies of Science*, Vol. 33, pp. 831-868.
カーステン・ヘルマン－ピラート／イヴァン・ボルディレフ（2017）『現代経済学のヘーゲル的転回』岡本裕一朗・瀧澤弘和訳、NTT出版
山口一男（2008）『ダイバーシティ　生きる力を学ぶ物語』東洋経済新報社
マット・リドレー（2014）『やわらかな遺伝子』中村桂子・斉藤隆央訳、ハヤカワ・ノンフィクション文庫

Review of Economic Studies, Vol. 70, pp. 489-520.
岩井克人（2015）『経済学の宇宙』日本経済新聞社
青木昌彦（2001）『比較制度分析に向けて』瀧澤弘和・谷口和弘訳、NTT出版
青木昌彦・奥野正寛編著（1996）『経済システムの比較制度分析』東京大学出版会

第７章

ロバート・C・アレン（2012）『なぜ豊かな国と貧しい国が生まれたのか』グローバル経済史研究会訳、NTT出版
David, P. (1985), "Clio and the Economics of QWERTY," *The American Economic Review*, Vol. 75, pp. 332-337.
ダグラス・ノース（1994）『制度・制度変化・経済成果』竹下公視訳、晃洋書房
ダグラス・ノース（2016）『ダグラス・ノース 制度原論』瀧澤弘和・中林真幸監訳、水野孝之他訳、東洋経済新報社
アブナー・グライフ（2009）『比較歴史制度分析』岡崎哲二・神取道宏監訳、NTT出版
Greif, A. (1994), "Cultural Beliefs and the Organization of Society: A Historical and Theoretical Reflection on Collectivist and Individualist Societies," *The Journal of Political Economy*, Vol. 102, pp. 912-950.
アンガス・マディソン（2015）『世界経済史概観　紀元１年～2030年』、政治経済研究所監訳、岩波書店
グレゴリー・クラーク（2009）『10万年の世界経済史（上）/（下）』久保恵美子訳、日経BP社
ケネス・ポメランツ（2015）『大分岐　中国、ヨーロッパ、そして近代世界経済の形成』川北稔訳、名古屋大学出版会
Rosenthal, J.-L. and R. Bin Wong (2011), *Before and Beyond Divergence: The Politics of Economic Change in China and Europe*, Cambridge:MA, Harvard University Press.
デヴィッド・グレーバー（2016）『負債論　貨幣と暴力の5000年』酒井隆史監訳、高祖岩三郎・佐々木夏子訳、以文社

Roth, A. E., V. Prasnikar, M. Okuno-Fujiwara, and S. Zamir (1991), "Bargaining and Market Behavior in Jerusalem, Ljubljana, Pittsburg, and Tokyo: An Experimental Study," *American Economic Review*, Vol. 81, pp. 1068-1095.

Henrich, J. et al. (2001), "In Search of Homo Economics: Behavioral Experiments in 15 Small-Scale Societies," *The American Economic Review*, Vol. 91, pp. 73-78.

アビジット・V・バナジー／エステル・デュフロ（2012）『貧乏人の経済学　もういちど貧困問題を根っこから考える』山形浩生訳、みすず書房

ディーン・カーラン／ジャイコブ・アペル（2013）『善意で貧困はなくせるのか？』清川幸美訳、みすず書房

List, J. (2006), "Field Experiments: A Bridge between Lab and Naturally Occurring Data," *Advances in Economic Analysis & Policy*, Vol. 6, Article 8

フランチェスコ・グァラ（2013）『科学哲学から見た実験経済学』川越敏司訳、日本経済評論社

第6章

伊藤秀史（2003）『契約の経済理論』有斐閣

柳川範之（2000）『契約と組織の経済学』東洋経済新報社

ロナルド・コース（1992）『企業・市場・法』宮沢健一他訳、東洋経済新報社

ポール・ミルグロム／ジョン・ロバーツ（1997）『組織の経済学』奥野正寛・伊藤秀史・今井晴雄・西村理・八木甫訳、NTT出版

ロバート・サグデン（2008）『慣習と秩序の経済学　進化ゲーム理論アプローチ』友野典男訳、日本評論社

オリバー・ハート（2010）『企業 契約 金融構造』鳥居昭夫訳、慶應義塾大学出版会

ジョン・マクミラン（2007）『市場を創る　バザールからネット取引まで』瀧澤弘和・木村友二訳、NTT出版

中林真幸・石黒真吾編著（2010）『比較制度分析・入門』有斐閣

Benabou, R. and J. Tirole (2003), "Intrinsic and Extrinsic Motivation,"

大垣昌夫・田中沙織（2014）『行動経済学　伝統的経済学との統合による新しい経済学を目指して』有斐閣
ジョージ・エインズリー（2006）『誘惑される意志　人はなぜ自滅的行動をするのか』山形浩生訳、NTT出版
瀧澤弘和（2013）「行動経済学と神経経済学は標準的経済学を変えるのか」、所収：川越敏司編著『経済学に脳と心は必要か』、河出書房新社
キース・E・スタノヴィッチ（2008）『心は遺伝子の論理で決まるのか　二重過程モデルでみるヒトの合理性』椋田直子訳、みすず書房
ダン・アリエリー（2013）『予想どおりに不合理　行動経済学が明かす「あなたがそれを選ぶわけ」』熊谷淳子訳、ハヤカワ・ノンフィクション文庫
伊藤邦武（1997）『人間的な合理性の哲学　パスカルから現代まで』勁草書房
リチャード・セイラー／キャス・サンスティーン（2009）『実践 行動経済学』遠藤真美訳、日経BP社

第5章

P. A. サムエルソン（1981）『新版 経済学（上)/(下)』都留重人訳、岩波書店
Roth, A. E. (1995), “Introduction to Experimental Economics,” in Kagel and Roth (eds.), *The Handbook of Experimental Economics*, Princeton University Press, Princeton: NJ, pp. 3-109.
Smith, V. (1976), “Experimental Economics: Induced Value Theory,” *American Economic Review*, Vol. 66, pp. 274-279.
川越敏司（2007）『実験経済学』東京大学出版会
Flood, M. (1958), “Some Experimental Games,” *Management Science*, Vol. 5, pp. 5-26
Holland, P. W. (1986), “Statistics and Causal Inference,” *Journal of the American Statistical Association*, Vol. 81, pp. 945-960.
ヨシュア・アングリスト／ヨーン・シュテファン・ピスケ（2013）『「ほとんど無害」な計量経済学』大森義明・小原美紀・田中隆一・野口晴子訳、NTT出版

第2章

ジョセフ・ヒース（2013）『ルールに従う　社会科学の規範理論序説』瀧澤弘和訳、NTT出版
トーマス・シェリング（2008）『紛争の戦略　ゲーム理論のエッセンス』河野勝監訳、勁草書房

第3章

フィリップスの機械モニアックのウェブにおける説明：http://www.rbnzmuseum.govt.nz/activities/moniac/Introduction.aspx
Friedman, M. (1977), "Nobel Lecture: Inflation and Unemployment," *The Journal of Political Economy*, Vol. 85, pp. 451-472.
ダイアン・コイル（2015）『GDP 〈小さくて大きな数字〉の歴史』高橋璃子訳、みすず書房

第4章

ダニエル・カーネマン（2014）『ファスト&スロー　あなたの意思はどのように決まるか？（上）/（下）』村井章子訳、ハヤカワ・ノンフィクション文庫
Heukelom, F. (2014), *Behavioral Economics: A History*. New York, Cambridge University Press.
マックス・ヴェーバー（1972）『社会学の根本概念』岩波文庫
Mill, J. S. (2007), "On the Definition of Political Economy; and on the Method of 'Investigation Proper to It'," in *Collected Works of John Stuart Mill*, Vol. 4, Liberty Fund, Indianapolis, Indiana.
Friedman, M. (1953) "The Methodology of Positive Economics," in *Essays in Positive Economics*, Chicago: Chicago University Press, pp. 3-43.
Caplin, A. and A. Schotter (2008), *The Foundations of Positive and Normative Economics: A Handbook*, Oxford, UK: Oxford University Press.
Alós-Ferrer, C. (2018), "A Review Essay on Social Neuroscience: Can Research on the Social Brain and Economics Inform Each Other?" *Journal of Economic Literature* Vol. 56, pp. 234-264.

参考文献

本書の全体を通して

ノーベル財団のホームページ：https://www.nobelprize.org/nobel_prizes/economic-sciences/

トーマス・カリアー（2012）『ノーベル経済学賞の40年（上）/（下）』、小坂恵理訳、筑摩書房

序章

アダム・スミス（2007）『国富論　国の豊かさの本質と原因についての研究（上）/（下）』山岡洋一訳、日本経済新聞社

トーマス・トウェイツ（2015）『ゼロからトースターを作ってみた結果』村井理子訳、新潮文庫

カール・ポラニー（2009）『大転換　市場社会の形成と崩壊』野口建彦・栖原学訳、東洋経済新報社

アダム・スミス（2013）『道徳感情論』高哲男訳、講談社学術文庫

フリードリヒ・ハイエク（2009）『致命的な思いあがり』渡辺幹雄訳、春秋社

Robbins, L. (1932), *An Essay on the Nature and Significance of Economic Science*, London: UK, McMillan & Co.

Fehr, E and Fischbacher, U. (2004), "Social norms and human cooperation," *TRENDs in Cognitive Sciences*, Vol. 8, pp. 185-190.

Rubinstein, A. (1996), "Why are Certain Properties of Binary Relations Relatively More Common in Natural Laguage?" *Econometrica* Vol. 64, pp. 343-355.

第１章

ジェラール・ドブリュー（1977）『価値の理論　経済均衡の公理的分析』丸山徹訳、東洋経済新報社

瀧澤弘和（たきざわ・ひろかず）

中央大学経済学部教授．1960年，東京生まれ．1997年東京大学大学院経済学研究科単位取得修了．東洋大学助教授，経済産業研究所フェロー，多摩大学准教授，中央大学准教授を経て，2010年4月より現職．専門は実験ゲーム理論，経済政策論，社会科学の哲学．
共著に『経済政策論』（2016年，慶應義塾大学出版会）ほか
訳書に青木昌彦『比較制度分析に向けて』（共訳，2001年，NTT出版），ジョン・マクミラン『市場を創る』（共訳，2007年，NTT出版），ダグラス・ノース『ダグラス・ノース 制度原論』（共訳，2016年，東洋経済新報社），カーステン・ヘルマン＝ピラート，イヴァン・ボルディレフ『現代経済学のヘーゲル的転回』（共訳，2017年，NTT出版）など

現代経済学《げんだいけいざいがく》
中公新書 *2501*

2018年 8 月25日初版
2019年 1 月10日 4 版

著　者　瀧澤弘和
発行者　松田陽三

本文印刷　暁印刷
カバー印刷　大熊整美堂
製　本　小泉製本

発行所　中央公論新社
〒100-8152
東京都千代田区大手町1-7-1
電話　販売 03-5299-1730
　　　編集 03-5299-1830
URL http://www.chuko.co.jp/

Published by CHUOKORON-SHINSHA, INC.
Printed in Japan　ISBN978-4-12-102501-2 C1233

経済・経営

g1

2000 戦後世界経済史 猪木武徳
2185 経済学に何ができるか 猪木武徳
1936 アダム・スミス 堂目卓生
2123 新自由主義の復権 八代尚宏
2374 シルバー民主主義 八代尚宏
2228 日本の財政 田中秀明
2307 ベーシック・インカム 原田 泰
1896 日本の経済―歴史・現状・論点 伊藤 修
2388 人口と日本経済 吉川 洋
2338 財務省と政治 清水真人
2287 日本銀行と政治 上川龍之進
2041 行動経済学 依田高典
1658 戦略的思考の技術 梶井厚志
1871 故事成語でわかる経済学のキーワード 梶井厚志
1824 経済学的思考のセンス 大竹文雄

2045 競争と公平感 大竹文雄
2447 競争社会の歩き方 大竹文雄
1657 地域再生の経済学 神野直彦
2473 人口減少時代の都市 諸富 徹
1648 入門 環境経済学 日引 聡・有村俊秀
2064 通貨で読み解く世界経済 小林正宏・中林伸一
2219 人民元は覇権を握るか 中條誠一
2132 金融が乗っ取る世界経済 ロナルド・ドーア
2111 消費するアジア 大泉啓一郎
2420 フィリピン―急成長する若き「大国」 井出穣治
2199 経済大陸アフリカ 平野克己
290 ルワンダ中央銀行総裁日記（増補版） 服部正也
2501 現代経済学 瀧澤弘和
2502 日本型資本主義 寺西重郎